田中秀臣◉編

飯田泰之
田中秀臣
麻木久仁子

「30万人都市」が日本を救う!

中国版「ブラックマンデー」と日本経済

藤原書店

編者まえがき　デフレ脱却から、「30万人都市」の創生へ

民主党政権が瓦解し、自民党と公明党の連立による安倍晋三政権が誕生してから約二年半。日本経済と社会を取り巻く環境は大きな変化を経験している。安倍政権の経済政策（アベノミクス）によって、例えば日経平均株価は八千円台から二万円台まで目覚ましく高騰し、また為替レートをみても約五〇%ほどの円安が進行した。これらは日本銀行と政府との協調によるデフレ脱却への強いコミットメント（具体的には二%のインフレ目標の二〇一五年末までの達成）をうけての変化である。日本経済がデフレとそのデフレが続くという予想のもとで二〇年にも及ぶ停滞の罠にはまったというのが、安倍首相とそれを支える政策ブレーンたちの問題意識でもあった。本書の著者たちもデフレとデフレ予想こそが日本経済を低迷させてきたということでは共通の理解を持っている。

実際にデフレから低いインフレに進行していく中、二〇一二年終わりから二〇一四年三月に

かけては、消費税増税前の「駆け込み需要」以外に、株価や円安による企業の業績好調、失業率の低下と有効求人倍率の上昇、非正規雇用の待遇改善、名目所得の増加など日本経済は順調に成長した。しかし二〇一四年四月からの消費税増税による経済への悪影響は、政府や多くの経済学者・エコノミストたちの予測を超えるものがあった。日本経済は二〇一四年四月以降、（雇用環境の改善は維持しながらも）消費、投資の大幅な減少に見舞われ、経済状況は悪化した。

他方で、消費税増税の悪影響が「深く」また「長く続く」ものであることを、一部の経済学者・エコノミスト・評論家たちは指摘していた。具体的には、二〇一三年秋に刊行された『日本経済は復活するか』（田中秀臣編著、藤原書店）は、そのような消費税増税の悪影響を予測し、その停止を訴えるとともに、最悪実施されたときの対応が徹底的に議論されているものだった。なかでも浜田宏一氏（イェール大学名誉教授・内閣官房参与）を中心とした、いわゆる「リフレ派」（デフレを脱出して低いインフレを実現することで安定的な経済成長の実現を主張する人たち）は、デフレ脱却の重要性と消費税増税の悪影響を同書の中で詳細に説明している。

不幸にも消費税増税によって経済状況は極端に悪化し、二〇一四年四月から九月にかけての経済の落ち込みは深刻だった。特に家計消費の落ち込みは立ち直りが難しく、今日（二〇一五年七月の公表データによる）でも前年同月比でマイナスのままであり、脱出する展望はひらけていない。消費税増税というのは一時的なものではなく、長期的なものであり、政策的な対応がなければその影響は持続する。日本銀行は一四年十月終わりに追加緩和を実行、さらに同年十一月に安倍首相は予定されていた消費税の再増税を延期した。だが、一五年夏に公表された経済成長率はマイナス成長を記録した。消費の大きな落ち込みに加えて、輸出の減少をもたらした海外要因も無視することができない。

海外要因の最大の懸念は、中国経済の大幅な減速だ。序論でも説明しているが、中国の経済浮揚策（金融緩和と株価上昇政策）が明らかに失敗し、株価は大きく下落。中国政府の公式統計ではいまだ七％の高い成長率だが、この発表を信じるものは少ない。特に中国の輸入の落ち込みは一〇％を大きく上回るものであり、これは中国国内の購買力（総需要）の深刻な実情を伝えるものだ。またギリシャ政府の対外債務に対する支払不能（デフォルト）問題が再燃し、それが世界的な株安を招いた。さらに順調な成長を持続しているアメリカ経済も、一五年終わりには予想されている金融緩和の終了をうけて、世界経済がさらに冷え込むことが懸念されている。

簡単にいえば、国内は消費税増税による経済失速という「国内不均衡」の状態、国外では「中国のバブル崩壊」などの国際経済の縮小の危機という「国際不均衡」の状態に直面しているのが現状だ。このまえがきを書いている段階でも、中国政府は従来の基準レートを切り下げし（つまり自国通貨安への誘導）、輸出の増加によって国内景気の立て直しを試みたり、他方で統制経済並みの株式市場のコントロールにも乗り出している。そのことがさらに日本経済を含めた世界経済を不安定なものにしている。

　このような国内外の経済状況を踏まえれば、デフレ脱却は日本経済が復活するための必要条件であることは疑いない。しかしそれがすべてではない。特に本書の核になるメッセージは、「30万人都市をつくれ」というものだ。具体的には鼎談『30万人都市が日本を救う！』で議論されている。

　日本経済のいわば骨格をなす「地方経済」を、これからの少子高齢化の進展の中でどのように構築すべきか。地方経済は、都市部で吸い上げた税収を地方に投下するかたちで維持されてきたが、少子高齢化・人口減少がますます顕著になるなか、そのような経済構造の歪みは限界に達しており、デフレ脱却による底上げだけでは解決されない。

　地方経済に影響するものとしては、安倍政権が掲げる「地方創生」はもちろん、アベノミクスの「第二の矢」＝財政政策に含まれる「国土強靭化」も関係が深いが、どちらの政策も、現実には、旧来型の公共事業依存あるいはバラマキ政策への回帰に過ぎないのではないかという懸念がぬぐえない。

　デフレ脱却と連動する形で、この「30万人都市」への資本とインフラの集中を通じた、地方経済の再構築こそが望まれるのである。われわれはこの提言の前提になる諸点と具体的な政策案について詳細に議論を行っている。このようなリアルな地方経済論こそ、現状のアベノミクスでは足りない論点であるし、また同時にアベノミクスが終焉した後も持続的に議論されなければならない点だと、われわれは確信している。本書の提言が活用されることを期待したい。

このような国際的な経済不安定化の下でのデフレ脱却（序論）、「30万人都市の創生」を提言するに至る「鼎談」部分が、経済の「安全保障」を考えるものであるならば、補論『集団的自衛権』の経済学」は、防衛面での安全保障政策を検討したものである。編者の意図するところは、日本経済を、経済全体（マクロ経済）の面と地方経済（準マクロ）の面でとらえ、それが国際・国内環境の激変でどのように変化するかをみ、さらに経済面と防衛面でのつながりをより具体的に視ることである。

ただし本書の序論・補論はそれを書いた者（田中）の私見であり、特に補論の意見はその特徴が鮮明であることをお断りしておく。また鼎談部分も現状認識やそれぞれの価値判断の違いなどがあり、大枠では共通する部分がありながら、三者三様の経済・社会論のあり方を、読者は知的な意味で楽しんでいただけると信じている。

二〇一五年八月

田中秀臣

「30万人都市」が日本を救う!　目次

2　「30万人都市」に集中せよ！
――日本分断を回避する最後のチャンス――……105

補論 「集団的自衛権」の経済学 田中秀臣 183

「30万人都市」が日本を救う！

——中国版「ブラックマンデー」と日本経済——

序論

日本経済は今
——中国バブル崩壊と経済格差の暗雲

田中秀臣

中国バブルと元高シンドローム

中国経済への懸念が広がっている。特に不動産への過熱した投資の結果、行き過ぎた不動産価格の高騰がついに終焉する。不動産価格の崩落が、中国の金融機関の不動産融資を焦げ付かせ、膨大な不良債権が現出する。不良債権の存在によって中国経済の動脈が硬化してしまい、中国経済は「破綻」するかもしれない、というものだ。

この中国経済「破綻」シナリオはここ数年指摘され続けてきたが、習近平政権の打ち出した対策は、株価引き上げを中心にした消費刺激策であった。昨年末から中国人民銀行は金利を引き下げ緩和基調の姿勢を続けた。個人投資家を中心に新規の口座開設が増加し、また外国人投資家による上海株売買の解禁によって、中国の株式市場は急激に膨張した。だが、この株価膨張は長くは続かなかった。二〇一五年七月に入ってから上海総合指数はピークからほぼ三〇％以上下落し、この間失われた株価総額は日本円換算で四〇〇兆円を超えた。中国政府のなりふり構わぬ株式市場への介入（取引銘柄の半数の売買停止、人民銀行による株価オペレーション等）によってどうにか持ち直したかに見えたが、いまだに乱高下を続けている。まさに中国は最も警戒していた「バブル崩壊」に直面したといっていいだろう。

この不動産価格下落による不良債権の累増、株式市場のブームとその急激な崩壊——三十代以上の日本人は多かれ少なかれ、日本の一九八〇年代後半から九〇年代初めの経験を思い出すことだろう。まさにいまの「中国バブル」とその当時の「日本バブル」は、不動産価格や株価が主導している点でもかなり似ているように思える。

だが、現在の中国経済は二十数年前の日本と大きく違うことも事実だ。まず、中国のGDP成長率は低くなっているが、依然として潜在的な成長余地は大きい。他方で、バブル経済が崩壊した一九九一年当時の日本経済は、高度成長期を終え、低成長期に移行していた。

一九八〇年代、日本国内の経済に対する楽観的な見方が、株価や不動産価格などの高騰を招き、実体経済と乖離したバブルの膨張を生み出した。例えば、当時の日本経済の成長は、円高傾向が進んだおかげで、石油価格の低下などの外因に大きく影響されていた。しかし多くの経営者、政策当事者はこの要因を軽視か無視していた。最先端技術を持っている国民はそれを意識せず、「日本は世界のNo.1」という幻想に囚われていたといえる。

また銀行は政府・旧大蔵省の保護政策（護送船団方式）によって守られ、「一行たりとも潰さない」という方針が暗黙にも、また公けにも信じられていた。この「暗黙の政府保証」が銀行の融資を怠慢にし、リスクを過度にとらせることに繋がった。例えば料亭の女将に旧興銀などが数千億円の株取引の融資を行ない、大きく焦げ付かせたこともあった。株式相場は強気が支配し、また不動産は「戦後一貫して上昇している」という「土地神話」が健在だった。

しかし金融引き締め政策への転換や、湾岸戦争にともなう国際石油価格の急速な上昇によって、日本経済はその後、長期の不況に陥った。現在の中国経済もまた九一年当時の日本と同じではないか、と国際的にも懸念されている。例えば、「影の銀行」の問題などは、先ほどの日本のバブル期のリスクに過度に傾斜した銀行の貸付態度と同じだ。(1)

さらに中国には経済発展段階に見合った困難も発生している。例えば、都市と農村の経済格差が大きいため、長期の経済減速は、社会不安定の原因になる。日本社会では、格差が比較的小さいと信じられてきた。もし日本国民に「あなたは社会のどの層に属しているか」と聞いたら、多くの人はいまだに「中間層」と答えるだろう。そのような「みんな中流」という意識が長期的な経済低迷の中、日本社会を混乱から守る原因となってきた。

現在の中国では、農村部からの安い労働力がだんだん不足し、それに伴い国際競争力の根源であった低い生産コストを維持することが難しくなってきている。日本を含む外国企業は工場をつぎつぎ東南アジアに移している。このような状況をノーベル経済学賞受賞者であるアーサー・ルイスの名前をとり、「ルイス転換点」と呼んでいる。(2)

この転換点を乗り越えるために、より一層の市場の整備が求められていた。例えば、民間のアイデアや発明が適切に保護されないなら、中国経済の長期的発展は実現できない。知的財産権を尊重することこそ、安い労働力の不足から中国を救うキーである。

また、中国も日本もその経済調整が政府の財政政策に頼りすぎている。ムダとしか思えない政府系の投資プロジェクトが多い。実際に中国のGDP統計をみてみると、先進国と比較して、過度に投資に傾斜している。その主因は、冒頭に書いたように不動産投資が内実である。この不動産投資は、地方政府とその関連企業が連携して行なっているケースが大半だ。みかけは「民間」にみえても、実際は地方政府の「公共事業」的色彩のものが大半である。公共事業の非効率性は日本でもそうだが、中国でも顕著だ。しばしば話題になるように地方都市にある高級マンションやオフィスビルの入居率が三割だとか四割だとか極端に低い。いわば「空き家」を投資目的のためだけに転売して、それで（土地価格が上がるという「神話」を前提にして）利ざやを稼いでいたのだ。これは日本のバブル期でもしばしばみられた「土地転がし」という手法と一緒である。ただ中国の場合はそれを公的部門が事実上仕切っていることに問題がある。この中国の不動産バブルの根源には、「土地の国有」制度があるといってよい。つまり土地の根源的な価値に対して、政府が「暗黙の保証」を行なっているに等しいのだ。これが中国の「土地神話」あるいは「中国バブル」の最終的なよりどころになっている。あたかも「一行たりとも銀行を潰さない」といって民間銀行にリスクに過度に傾斜した融資を行なわせた護送船団方式を想起させる。

中国は経済調整の方法を政府の財政政策から中国人民銀行による金融政策中心に移すべきだろう。また、完全な変動相場制に移行するのが望ましい。これはいまの金融政策を、為替レートを安定化させることに振り向けることではなく、国内のインフレや雇用の安定に振り向けることを意味する。現状では、後に検討するように、為替レートの安定に金融政策の役割の過半をとられてしまっている。そしていままでの議論からわかるように、構造的な問題の解決も重要だ。その最大のキーは、「土地国有」制度という「政府の暗黙の保証」を廃止することだろう。

中国は日本の失敗から教訓を学んでいると指摘されることがある。日本銀行はバブルの再発を防ぐために、安倍政権が誕生していわゆる「アベノミクス」を採用するまで、事実上の金融引き締め政策を採用し続けた。それは不況の長期化を招き、日本は二十数年も停滞した。だがバブルを恐れるあまり、経済そのものを抑制してはいけない。たとえ中国のバブルが破裂しても、適切な金融政策を採用することが、最もその後の痛みを短く軽くするだろう。

中国経済の成長率はこれから低くなるかもしれないが、適切な財政金融政策と制度改革を採用すれば、今後の一〇年は五〜七%の成長率を維持することができるだろう。それができないときは中国には困難な年月が待っている。だが、冒頭でも指摘したように、習近平政権の採用した経済政策は株価の急激な上昇とその後の大崩落を招き、そして株式市場の事実上の「安楽死」的状況を招いてしまった。中国の経済政策が日本の教訓を学び取ったかは現段階では不透

図1　国際金融のトリレンマ

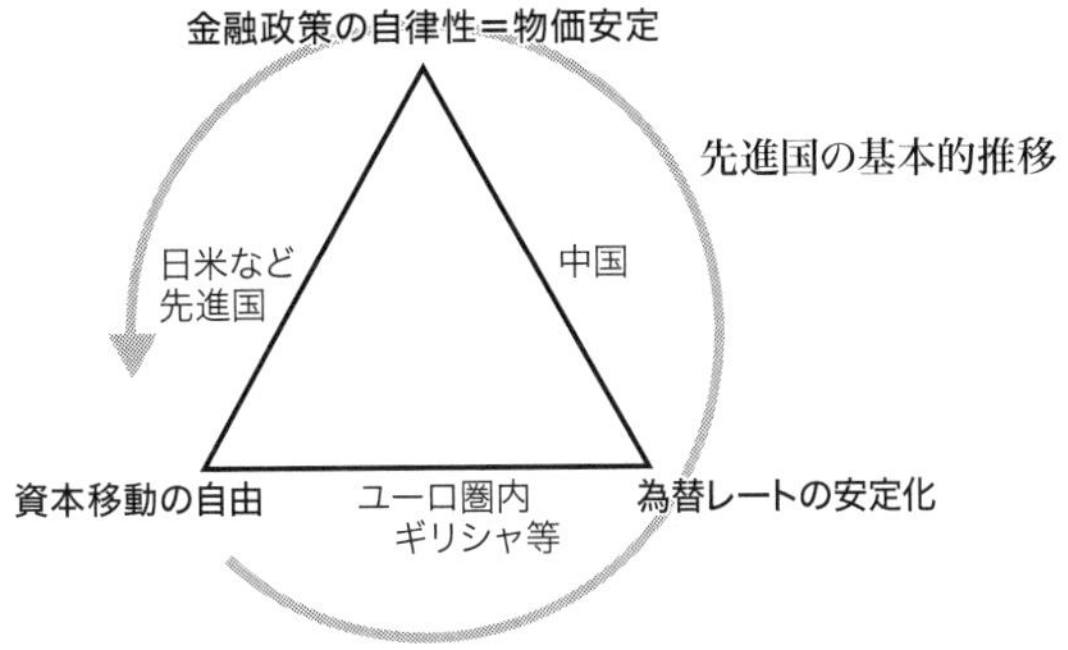

明である。

この「安楽死」的な経済政策の失敗の根源は、「元高シンドローム」にある。シンドロームとは「病理的現象」だ。元高トレンドを維持するために、マクロ経済政策が拘束され、また中国が先進国並みの経済に移行することが難しくなっている。

ところで中国経済を全体としてとらえる簡便な見方に「国際金融のトリレンマ」というものがある。国際金融のトリレンマとは、（1）（国際間の）資本移動の自由、（2）為替レートの安定化、（3）金融政策の自律性＝物価安定、の三つのうち、同時には二つしかその国の経済体制は選択することができないというものだ。**図1**は国際金融のトリレンマを図式化したものだ。[3]

例えば、二〇一五年初夏に財政破綻とそれに伴う対外債務の不履行（デフォルト）が話題になったギリシャは、資本移動の自由と為替レートの安定化を採用している国である。このとき金融政策は自国の経済状況に対応して融通の利くものではなくなる。ギリシャは統一通貨のユーロを採用している。ユーロ圏全体としては、他の経済圏（米国、日本、中国など）に対しては資本移動の自由と金融政策の自律性を選択していることになる。しかしユーロ圏の国同士では、同じ通貨を利用しているため、あたかも固定為替レート制（＝為替レートの安定化）と同じ状況になってしまう。ギリシャ経済は金融政策を自国経済の状況に応じて利用することができず、また財政赤字が深刻なために財政政策も利用することができない。リーマンショックによる経済的困窮によってギリシャ経済と財政が行きづまることで、ギリシャ発の「ユーロ危機」が二〇一一年に発生した。その「ユーロ危機」の時に資金援助をしたＩＭＦ（国際通貨基金）や欧州中央銀行、欧州連合の「トロイカ」は、ギリシャに財政再建策（増税と緊縮財政）を厳しく課していた。そのためギリシャ経済は十分に経済成長をすることができない。経済成長が難しければ税収も伸びない。そのことはギリシャの財政状況をより深刻なものとし、今回のギリシャ危機につながった。とりあえずトロイカは再び厳しい財政緊縮策を要求するとともにギリシャに資金援助を行なった。しかし国際金融のトリレンマからいって、ギリシャ経済と財政問題が改善する可能性は低い。早ければ一、二年ほどで三度目のギリシャ危機が発生するだろう。ちなみに一九三〇年代の世界恐慌に直面したときの先進国経済（米国、イギリス、日本など）は、現在のギリシャと同じ組み合わせだった。世界恐慌のときは金本位制という固定為替レート制を採用していて、そのため世界経済はほぼ同時に縮小してしまったのだ。

現在の中国は為替レートの安定化（対ドルに基本的に連動）と金融政策の自律性を採用し、資本移動の自由を制限している。ただし完全な固定為替レート制ではない。中国が海外との取引を拡大すればするほど、中国の企業もまた海外企業も、モノやサービスだけではなく、「おカネ」の取引の自由化を求めるようになる。それが先進国経済の基本的な進路でもある。資本移動の自由が段階的に行なわれるようになると、対ドルに完全にペッグ（釘づけ）することは困難になる。そのため中国は二〇〇五年に管理変動相場制（クローリングレートの採用）に移行している。現在では、基準レートの上下二％程度の変動を許す「準固定為替レート制」になっている。この基準レートは次第に切りあがり、その趨勢をみると対ドルでは元高が進行し、二〇〇五年の管理変動相場制移行から今日までで約三五％の元高になっている。興味深いのは、基準レートがこの一〇年一貫して上昇しているわけではないことだ。例えば二〇〇八年のリーマンショックのときは、この基準レートはほぼ二年半あまり一定のまま据え置かれた。つまりこの時期は、元レートは前後の時期に比較して「相対的に」元安が継続したことになる。元安の裏返しは、国内の金融政策の緩和基調だ。それはリーマンショックによる中国経済のダメージを防止することが目的であった。

ところでここからが「元高シンドローム」の解説になる。元高傾向が一〇年間維持され、他方で部分的にではあれ資本移動の自由化も進展してきた。これは裏面では、ギリシャや戦前の金本位制下の各国と同じように、中国の金融政策がいくばくか自律性を失っているということでもある。実際に元高の裏面は金融政策が「緊縮的」であるということだ。直近のデータをみると輸入が約一七％減少し（これは国内の購買力の大幅減少を裏付ける）、また経済活動の指標となる鉄道貨物輸送量も減少トレンドだ（二〇一五年六月の減少幅は約七％（前年同月比））。一部の論者は中国経済のデフレ経済化を予測している。[4] 実際に、公式統計をみると中国の物価指数は下落基調である。

積極的な金融政策によってデフレ経済を避け、そして国際的には資本移動の自由に制度移行することは、先にも指摘したように「中国バブル崩壊」の影響を最小にするために必要だ。しかし中国政府はそれを採用することができない。米国の政治的な圧力もあり、元は確かに切りあがってはいる。しかし実際に変動為替レートに移行すればもっと元高に移行する可能性がある。言い換えれば、米国の圧力や国内外の企業の要請があっても変動為替相場制に移行しない理由がある。それは主に習近平政権の政治的利害に基づくといわれている。嘉悦大学教授の高橋洋一氏は以下のように説明している。

「習近平国家主席は、沿岸部の福建省や浙江省の共産党要職を経て頭角を現してきた。この地域には中国の大手輸出企業が集まっている。習国家主席には、自分を支えてきたこの地域の既得権益を守るために、元を安くしておきたいという腹がある。自国通貨が安いと、輸出が伸びやすくなるからだ。それを崩して変動相場制に移行することは、彼らの輸出企業が得てきた既得権益を損なうことを意味する。そして彼らの利益を脅かすことが、ひいては体制崩壊の危機につながりかねない。つまり今の中国にとって固定相場制は、一党独裁を守る命綱なのである(5)」。

つまり固定相場制をなんとしても死守することの「代償」が元高トレンドの採用になっている。元高圧力は国内の経済を低迷させ、中国経済のデフレ化を進める恐れがある。このデフレ経済化は、中国共産党の一党支配という「既得権益」の別な表現だといっていい。この「元高シンドローム」を打ち破ることは、少なくとも習近平政権のうちは難しいだろう。

このことはギリシャ経済同様に、中国経済の不安定化も当面はだらだら続くことを示唆している。そしてこの中国経済の「バブル崩壊」とその長期化によってただならぬ悪影響をうけるのが、日本経済である。

アベノミクスが直面する経済格差

二〇一二年末に始まった安倍晋三内閣の経済政策＝アベノミクス。昨年四月の消費税増税、その後の経済の急速な悪化、それをうけての消費税再増税の延期など、経済政策をみれば激動の二年半であった。しかし日本経済の現状はいまだ昨年の増税の影響を抜け出すことができていない。

GDP成長率こそプラスに転じ、消費税見送りの動機にもなった昨年四―六月期、七―九月期の連続したマイナス成長の基調から脱してはいる。しかしその内実に立ち入ると、手放しで喜ぶには程遠い数字が並んでいる。特に民間の消費の落ち込みが一向に改善しない。アベノミクス当初の力強い上昇トレンドは一転して下方屈折してしまい、その下方トレンドがまだ継続している。設備投資や在庫投資は底を脱したかにみえるが、企業の投資マインドに顕著な変化を見出すことはできない。

安倍首相は二〇一五年の通常国会冒頭で、「戦後改革以来の大改革」を唱え、「改革断行国会」であるとして頻りに「改革」を強調した。「改革」の中味は多様であり、憲法改正、教育改革、安全保障問題、各種の規制改革が並ぶだろう。しかし現状の経済環境を考えると、それらの「改革」の中でまず何よりも優先しなければならないのは、足元の経済状況の「改革」だ。特にアベノミクスの最大の目的であったデフレ脱却に黄色信号が灯っている。まず消費税増税で立ち止まったデフレ脱却の道のりを再び確実なものにするため、いままでのアベノミクスをもう一度リブート（再起動）する政策がいま必要とされている。

アベノミクスの再起動を考えるためには、まず日本経済の状況をよく再考することが重要だ。日本経済が保有している労働や資本、そして技術などをフルに活用して達成可能なＧＤＰの大きさを「潜在ＧＤＰ」といっている。これはいわばひとつの理想状態である。実際のＧＤＰの大きさは、この理想状態を上下することが多い。現実のＧＤＰは、消費、投資、政府支出、海外との取引から形成されている。この四つの要因を総称して「総需要」とも呼んでいる。

景気とは、この消費や投資といった総需要が自律的に変動することによって生じる現象だ。現実のＧＤＰ（＝総需要）が潜在的ＧＤＰを上回ればインフレ・ギャップと呼び、反対に現実のＧＤＰが潜在的ＧＤＰを下回ればデフレ・ギャップという。インフレ・ギャップのときには経済は過熱気味であるし、デフレ・ギャップのときは失業者や企業の倒産が増える。日本の「デフレ不況」とはこのデフレ・ギャップがほぼ持続していた状況といえた。

一三年以降に始まったアベノミクスは、このデフレ・ギャップの縮小に成功し、経済は安定に向かった。だが一四年四月からの消費税増税はこの改善傾向を妨害し、そこから一気にまたデフレ・ギャップは拡大してしまった。現時点のデフレ・ギャップの大きさは額にして約一〇兆円ほどと考えられる。簡単にいえば、この一〇兆円ほどの不足を埋めることが経済回復の最低条件になる。

ここでアベノミクスの復習をしておこう。アベノミクスは、大胆な金融緩和、機動的財政支

図2　マネーストック(M2)の成長率(gM)、名目成長率(g)、実質成長率(gR)

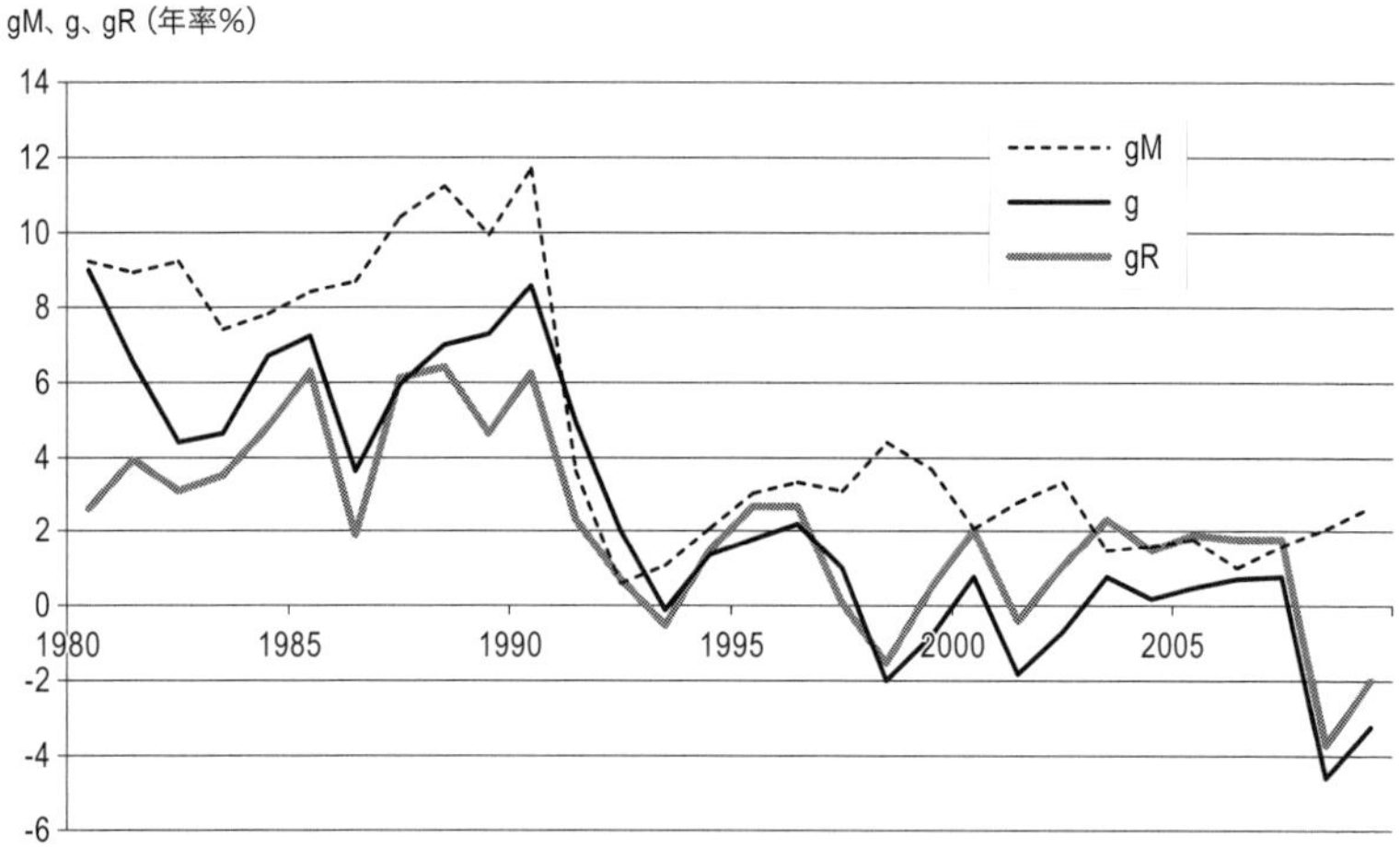

（出所）浅田（2012）

出、成長戦略の「三本の矢」からなる。一般的にデフレ・ギャップには、最初と二番目の金融政策と財政政策が対応する。最後の成長戦略は、現実のGDPと潜在GDPとの開きに対応するのではなくて、日本経済の潜在GDP自体を高めるために必要な政策だ。安倍政権発足当初では、デフレ・ギャップは率にすると三・二%ほどあったが、消費税増税前にはほぼゼロ%にまで減少していた。この減少の直接の原因は、金融政策と財政政策の合わせ技による効果だろう。特に金融政策の転換が大きな役割を果たした。なぜ金融政策が重要なのだろうか？

　浅田統一郎中央大学教授は、日本の長期停滞における金融政策の重要性を一枚のグラフで説明している。**図2**は一九八〇年以降から最近までの実質成長率、名目成長率、そしてマネーストックの成長率をプロットしたものだ(6)。

日本銀行は金融政策のコントロールによって、中長期的にマネーストックの変化率に影響を及ぼすことができる。そして図からは一年から二年の遅れを伴って名目成長率と実質成長率が、マネーストックの変化率と同じ方向に動いているのが確認することができるだろう。また名目成長率と実質成長率の乖離は、物価の変化率を示している。実質成長率が名目成長率を上回っているということは、デフレ（物価下落）の方向に向かっていることを示している。図からは九〇年代後半から安倍政権発足時までデフレ傾向が持続していたことがわかるだろう。しかも先ほどのデフレ・ギャップとは、まさにこのデフレ（物価の継続的下落）に、失業や倒産の増加が伴う「不況」だったことを示している。つまりデフレ＋不況で「デフレ不況」こそが、日本の長期停滞の特徴である。そしてデフレ不況そのものは、日本銀行が中長期的にコントロール可能であるマネーストックの変化率に依存している。これがアベノミクスの中で最も金融政策が重要視される理由だ。財政政策も重要ではあるが、金融政策に比べれば効果が限られている。また成長戦略自体は、デフレ不況対策というよりも、日本経済の潜在能力をアップさせる政策であり、日本経済が不況を脱して健康体になったときに真価を発揮できるものだ。

しかも重要なのは単にマネーを増加させることだけではない。マネーを増加させる枠組みが重要である。この政策的な枠組みのことを「レジーム」と名付けている。レジームとは、二〇一一年にノーベル経済学賞を受賞したトーマス・サージェントが考えたもので、「人間の行動パターンを司るルールの束」を意味する。経済政策レベルでは、政策当局が採用している行動ルールを示している。アベノミクスでは金融政策の転換が重要だったと書いたが、これはレジーム転換ともいうべきものだった。先の図でも明らかだが、十数年もの間、日本銀行は事実上デフレを放置してきた。これはデフレ・レジームとでもいうべき政策スタンスを採用してきたことになる（おそらく当時の日銀の政策当事者は否定するだろうが）。このようなデフレ・レジームの中でマネーを増やしても、当たり前だがデフレを脱却できるわけがない。どんなにマネーを増やしても、デフレ解消目前で、またマネーを引き締めてしまうからだ。そして人々も日本銀行のデフレ脱却の意志が中途半端であることを予想するので消費や投資を積極的に行なわない。このことが経済を自己実現的にデフレ状態にはまったままにしてしまう。安倍首相は一二年秋の自民党総裁選に立候補してからこのデフレ・レジームの転換を公約に掲げた。具体的には、インフレ目標政策の導入だ。実際に安倍政権は一三年春に日本銀行と政策協調をし、二％のインフレを二〇一五年中に実現することを目標に置いた。また人事面でもデフレ脱却にコミットした人材を登用した。それが黒田東彦日本銀行総裁と岩田規久男副総裁だった。実際にレジーム転換とそれに伴う大胆な金融政策の効果は目覚ましかった。消費税増税前の重要指標だけみても、失業率は政権発足時の四・三％から三・六％まで減少、物価上昇率（生鮮食料品除く）もマイナス〇・二％からプラス一・二％に上昇、株高による資産効果で消費は増加、円安による企業業績改善によって設備投資も増加した。

だが消費税増税はこのレジーム転換の効果を著しく削いでしまった。特に深刻なのは、低所得者層へのダメージである。年間所得収入を五階層に区分し、その下から数えて二割になる第一分位に属する人たちは、非正規雇用者が多い勤労者世帯である。この世帯の実質消費は増税の影響により一〇％以上も減少してしまった。つまり低所得者の状況を悪化させることで、いわゆる「経済格差」が深刻化しているのだ。アベノミクスの再起動（＝アベノミクス2・0）はこの「経済格差」にまずは取り組まなければならない。

ピケティが指摘する、格差解消のためのインフレの意義

この消費増税で顕在化した経済格差に対処する際に、参考になる議論がある。国民的なブームになったフランスの経済学者トマ・ピケティが書いた『21世紀の資本』だ(7)。

ピケティの主張は実に明瞭で簡潔だ。主に三点に集約できる。

（1）世界中で所得と富の分配の不平等化が進んでいる。（2）その原因は資本収益率＞経済成長率という関係にある。つまり経済の大きさが拡大するよりも資本の取り分が大きくなる。

例外は一九一四―四五年のふたつの世界大戦とそれに挟まれた期間だけである。（3）この世界的所得格差を是正するためにグローバル資産課税やまた累進課税を促進すべき、というものだ。

ピケティは「資本収益率∨経済成長率」は、資本主義の動態的な法則である、という。特に二十一世紀になると先進国や新興国で高い経済成長率が望めないので、この格差はさらに拡大していくことになる。いわば長期停滞論を背景にしている。なお、ここでいう「資本収益率」の「資本」とは、株や土地などの資産をほぼ意味している。

戦前のヨーロッパでは凄まじい格差があったが、その後、戦費調達のために金持ちに重税が課せられ、かなり是正された。日本やドイツでは、敗戦で資本が破壊されたせいで、ある程度平等な社会になった。しかも日本やドイツは米国などの新技術を取り入れたりすることでキャッチアップ効果が発生し、きわめて高い成長率が可能だったことも経済格差の縮小につながった。しかし、二十一世紀になりそのキャッチアップ効果も消滅した、という。

ピケティの議論を日本の文脈でとらえなおすとどんなことが言えるのだろうか？　結論を先に書くと、ピケティの主張をそのまま日本に適用することはかなり無理があるということだ。その理由は二点ある。ひとつは、日本は長期のデフレを経験し、この二〇年近く経済成長率は低迷していた。これだけをみるとピケティが言ったように、日本は二十一世紀を待たずしていち早く長期停滞に突入したかにみえる。しかし日本が長期停滞に陥っているのは、先ほども説明したが、日本銀行が長くデフレ・レジームを採用していたからだ。デフレというのは物価が継続的に下落し、また人々がデフレを予想することで、経済全体の総需要（消費や投資）を低迷させるためである。このデフレを解消すれば、経済成長の伸びしろはかなりある。

第二点として、日本の経済格差の「中身」がピケティの問題視しているものとかなり違うということだ。例えば、日本のジニ係数（所得の不平等度を測る指標）は先進国の中でもかなり大きい。つまりジニ係数からは経済格差が深刻に思える。[8] だが、日本の経済格差の主因は、急激な高齢化によるものと長期の不況がもたらした低所得者層の増大に求められるというのが通説である。

例えば高齢者の所得はもとからかなり格差がある。退職して年金暮らしの人と、引退せずに大企業などに残り役員報酬などを得続ける人を想起すれば、この格差はイメージしやすいだろう。日本の高齢化の進展を背景にして、この老年格差が進行している。これはこれで問題なのだが、ピケティはこのような老年格差を問題にしているわけではない。

またデフレによる長期停滞は、失業者の増加、非正規雇用の増加などの低所得者層を生み出しつづけてきた。いま日本の生活保護世帯に属する人たちは約二一六万人いる。さらに今回の消費税増税（五％から八％増へ）の際に、政府は低所得者層に地方自治体を経由して一万円を補助する政策を打ち出した。その対象となる人たちの総数が約二四〇〇万人に上っていた。[9] つまり日本では人口の約二〇%が「低所得者層」に属する。その一方で、富の集中は深刻ではない。つまりピケティの問題視する経済格差は社会のわずかな人たちに富や所得が集中することで出現するのだが、日本ではその種の経済格差は深刻ではない。むしろ日本では「貧しい人が多すぎる」ことが経済格差を深刻化している。

このように経済成長の余力が大きいこと、さらに経済格差の中身が違うこと、主にこの二点から、ピケティの議論をそのまま日本にあてはめることは慎重にしなければいけない。さらに「貧しい人が多すぎる」状況をさらに悪化させたのが、今回の消費税増税だった。

では、どのような具体的な対策(アベノミクス2・0)が必要だろうか。まずデフレからの脱却が必要である。デフレから脱却することで、失業率がより一層低下し雇用状況が改善することが大事だ。また経済が成長すれば政府の税収も増加していく。政府はこれらの税収を利用して、財政状況の改善や社会保障の安定化に寄与することができるだろう。このようなデフレからの脱却による税収増効果を「インフレ税」とよんでいる。ピケティの言う富裕税によって貧困層に再分配をするのではなく、このインフレ税を利用することが日本には可能であり、また必要なことだ。

ピケティは、『21世紀の資本』の中では、インフレ税については安定的な財源としては否定的であり、むしろインフレがかえって経済格差を深刻化させると、指摘していた。ところが、ピケティはインタビューの中では、日本については例外的にこのインフレ税の効用を認めている。

財政面で歴史の教訓を言えば、一九四五年の仏独はGDP比二〇〇%の公的債務を抱えていたが、五〇年には大幅に減った。もちろん債務を返済したわけではなく、物価上昇が要因だ。安倍政権と日銀が物価上昇を起こそうという姿勢は正しい。物価上昇なしに公的債務を減らすのは難しい。二~四%程度の物価上昇を恐れるべきではない。四月の消費増税はいい決断とはいえず、景気後退につながった。

(『日本経済新聞』)

景気後退をもたらしたのはデフレ・ギャップの存在である。このギャップの解消のためにも、現状のインフレ目標を維持するべきである。一部の論者はインフレ目標の達成時期を遅らせたり、またはその達成するべき水準を引き下げることを提案している。しかしこれは現状のデフレ脱却にむけたレジームを、まさに逆方向に転換しかねない愚策である。例えば、相撲の試合を考えてみよう。いま優勝のかかった試合で、横綱同士の大一番。ところがその試合にかぎり、土俵内で体が地面についても負けないというルールになったとしよう。おそらく大相撲の信頼は地に落ちることだろう。日本銀行の安易なレジーム変更は、中央銀行の政策への信認を揺るがせかねない。私はむしろインフレ目標の達成とそして雇用の最大化を目指すために、日銀は追加緩和を早急に行なうべきだと思っている。いまのデフレ脱却レジームを維持し、それをむしろ強化するためにできるだけのことをする、この姿勢がいまの日本銀行には重要なのだ。

また低所得者層中心に所得移転を行なうことも必要だ。金額的にどのくらいかは議論がわかれるかもしれないが、デフレ・ギャップにほぼ見合う額、例えば数兆円規模の給付金政策を実行することは極めて重要である。

ただし、単なる追加緩和の効果はきわめて限定的なものになってしまうだろう。最大の要因は「中国バブル崩壊」による日本経済への影響である。二〇一四年十月末の追加緩和はその後の株価上昇と円安の進行を促した。そのことがまた雇用情勢の好転の維持、また雇用者報酬の増加にもつながった。だがその株価上昇による消費増加というシナリオに関しては、ほぼ見込みがないものとなっている。つまり資産効果を制約しているのが、中国バブル崩壊なのである。実際に中国の株価の不安定度が増すことで、日経平均など株価指数は天井をおさえつけられている状況だ。この中国バブル崩壊の悪影響は先に述べたとおりに長期化する可能性が大きい。

日本銀行と政府は協調して、消費増税で毀損し、また中国バブル崩壊でさらに傷口を広げた「デフレ脱却レジーム」の再構築を行なうべきだ。具体的には、日銀の政策目標に雇用の安定化を追加することで、物価安定と雇用安定に積極的にコミットすること。そのためには日銀法改正が最も有効だ。さらに政府とともに名目経済成長率目標の引き上げをすべきだ。現状では、「名目経済成長率三％、実質経済成長率二％」だが、これを「名目経済成長率四％、実質経済成長率二％」にしたうえで、追加緩和や先ほどの所得移転を行なうべきだ（所得移転については最善の選択肢は消費税減税だろう。少なくとも消費税の再引き上げは国際経済の情勢変化によって凍結が望ましい）。このような「デフレ脱却レジーム」の再構築が求められているのである。

注

（1）ただし「影の銀行」の金融危機に至るようなリスクは低いという指摘もある（関志雄（2015）『中国「新常態」の経済』日本経済新聞社）。
（2）ルイス転換点については、渡辺利夫（2002）『成長のアジア　停滞のアジア』（講談社学術文庫）一六四頁以下が詳しい。
（3）図1の先進国の基本的推移が逆時計回りになるという作図については、若田部昌澄氏（早稲田大学教授）による。
（4）田村秀男「中国の〝党指令型経済モデル〟は破綻している　鉄道貨物輸送量が示す作為的GDP」『夕刊フジ』二〇一五年七月二十三日。
（5）高橋洋一（2014）『バカな外交論』あさ出版、九九頁以下に詳細な説明がある。
（5）浅田統一郎（2012）「安倍新政権の金融政策の経済学的根拠について」http://www.yomiuri.co.jp/adv/chuo/research/20121220.html
（6）トマ・ピケティ（2014）『21世紀の資本』（山形浩生他訳、みすず書房）。
（7）ただし原田泰（2015）『ベーシック・インカム』（中公新書）では、「全国消費実態調査」を用いると、ジニ係数は先進国中、真ん中程度であり、ただし九〇年代後半の不況の本格化からジニ係数が拡大傾向にあると指摘している。

(8) 軽部謙介「消費増税でわかった二四〇〇万人の貧困」(『文藝春秋』二〇一四年四月号)。

鼎談

「30万人都市」が日本を救う!

田中秀臣
飯田泰之
麻木久仁子

1 消費税増税は貧困層を直撃した!

――アベノミクス三年目の採点表――

過去の政権のデフレ対策は「やるやる詐欺」みたいなものだった

麻木　本日はお忙しい中、どうもありがとうございます。デフレ脱却をスローガンにして、安倍政権が誕生したはずなんですけども、そういう方向に本当に行っているのだろうか。昨年の消費増税の影響も依然として深刻なようですし、また海外をみてもヨーロッパや中国などで経済不安の面も大きい。これから先の日本経済や社会がどうなるのか、ということにクエスチョンがついてきたものですから、これはとにかく気鋭の論客のみなさんと一緒に、いまの日本経済や社会がおかれている状況を議論して、一定の方向を見出していきたいと思っています。では早速ですがアベノミクスの評価ということで、とりあえず事実としてどう推移したかを、まずは整理していただけると助かります。

飯田　基礎的な復習からはじめましょう。アベノミクスの「三本の矢」は、一本目の矢が「大胆な金融政策」、二本目の矢が「機動的な財政出動」、三本目の矢が民間投資を誘発する、活発化する「成長戦略」という三段構えの政策です。僕自身はアベノミクスの始まりは二〇一二年十一月と考えています。その日からスタートしたのが、一本目の矢である大胆な金融政策でした。実際の安倍内閣の発足（二〇一二年十二月二十六日）以前にアベノミクスが始まるというと奇異に聞こえるかもしれませんが、ここがミソなのです。一本目の矢のキーが「予想・期待（expectation）」にあるため、政権交代が確実視された時点で効力を持つようになる。経済政策が将来にわたって拘束力を持って同じ方向を向く、それが民間経済主体に信用されると、まずは株価や為替レートなどの資産価格が先に動き始める。このような理屈が働いて、二〇一二年十一月十四日を底値にして、株価と円は反転に向かうわけです。

麻木　そのとき、総選挙をしても自民党が勝つだろうと世論調査などでは出ていました。

田中　やはり飯田さんが指摘した期待の要因が大きくて、人々が同じ方向を向くことが、最初の段階で大きいキーポイントになりますよね。特に資産市場、株式市場だとか、あと外国為替市場で為替レートがどう変化するかというのが、金融政策がうまく期待をコントロールしているかどうか、それを検証するいい基準なんですよね。

そういった点ではいま飯田さんがおっしゃったように、二〇一二年十一月のときから、明らかに安倍政権ができるという見通しになり、そして特に安倍さん本人が「インフレ目標（インフレーション・ターゲット）」という市場の期待をコントロールするような政策を打ち出してきました。それまでも歴代の政権は、デフレ脱却をやる、やると言っていたんだけど、ある種「やるやる詐欺」みたいになっていて、実際の責任を誰がとってどんな目標にするかという、そういった仕組みが全くなかった。だからデフレ脱却を言うだけでは全く市場も反応しなかった。でも、安倍さんがインフレ目標をやると言ったときには、これはもうかなり本気だと市場はうけとめました。そういうことで、いま言ったように資産市場がまず動き出した。つまり株がかなり上昇し始めて、インフレにするということなのでこれは自国通貨安に作用する、つまり円安の方向に行ったということが、金融政策が効くまず最初のステップだったんですね。

脱デフレ政策が実体経済に影響を及ぼす経路は非常に多様である

飯田　これまでは自民も民主も「デフレ脱却」と言うだけで、目標はあっても手段が示されなかったわけです。抽象的な理念で変わるほど民間経済主体の予想・期待は簡単なものではありません。そこには、目に見える具体策が必要です。これまでは、せいぜい頑張るみたいな、「努力します」みたいなかけ声でしかなかった。これでは効かない。それに対して安倍政権では、インフレーション・ターゲットという明確な手段込みで、脱デフレの方向性が提示された。それによって、資産価格がまず反応しました。

デフレからインフレに経済が向かうときに、それが実体経済に影響を及ぼす経路は非常に多様です。例えばインフレになっても賃金が上がらないと実質的な賃下げになるから、雇用が活性化する。これが、教科書で一番おなじみのストーリー。

もう一つは予想実質金利です。長く続くゼロ金利政策のなかで、短期金利だけではなくある程度長期の金利も事実上の下限にはりついています。金利が下限にあるのでそう簡単には上がらない。名目金利が下がらなくて期待インフレ率が上がるなら実質金利は低下することになる。そして、実質金利が下がるから投資や消費が増える。これが金利経路です。

もう一つ、今回の場合結構大きかったなと思うのは財務経路です、資産価格が上がるとバランスシートが軽くなる。輸出型企業は、負債や人件費は円で、売上はドルなどの外貨です。この場合、売り上げの量が一切変わらなくても、為替レートが円安に振れると借金を返すのが非常に楽になる。借金を返すのが楽になるということは、ほかのことにお金を使えるようになる。今のところこれが、一番効いた経路なのかなと思います。

その次に効いたのは実質金利経路。特に消費で効いたのですが、僕としては意外でした。

今回の景気拡大の特徴は、地域間のばらつきが比較的小さいことだったりします。「経済成長に地方が取り残されている」というのが決まり文句のようになっていますが、それは事実とは少し違う。回復のペースや、特に雇用の拡大のペースを見ますと、それはまあ中京圏や首都圏の方が絶対水準はまだ上ですが、小泉内閣のときの景気拡大と比べると明確に地方がいいんですよ。

麻木　雇用の数字もいいんですか。

飯田　雇用の改善の度合いは、むしろ地方の方がいいんです。有効求人倍率に至っては絶対水準でも北陸がいちばんよい。さらに、北海道、九州、沖縄についても絶対水準ではまだまだですが、改善ペースは東京より速いくらいです。

田中　やっぱり今度の雇用の改善が、製造業よりもサービス業中心に引っ張っていったというのも、かなり大きいんじゃないかなと思います。

飯田　そうなんですよね。輸出向製造業は、大企業の受注が増えて徐々に下請け企業に、という経路になるので地方、中小にはなかなか波及しない。一方で消費財・サービスはこのような段階を経ませんから。観光業でいえば、地方の老舗の旅館は企業区分としては中小企業だったりしますしね。

田中　普通そこら辺が一番へたっている部分で、なかなか反応が鈍いんだけれども、いち早く動いた。あと中高年の雇用改善の動きが早くて、これも注目すべきことでした。団塊の世代にあたる人たちが多く退職して、その人たちが再雇用されていく。これがまず二〇一三年のときの雇用改善に大きく貢献していた。

正規雇用の増加と賃金の上昇は、現われてはきている

麻木　雇用の質的にはどうなんですか。正規雇用が増えているんでしょうか。

田中　まず時系列でみていくと、二〇一三年のアベノミクス最初の一年は、定年を迎えた人が多く、そのため正規雇用が減る一方で、再雇用などで非正規雇用が増えていました。ただし新規の求職率を見てみると、統計をとってからの最高値ですね。だから雇用はかなり順番を

追って改善してきていて、その中でもさっき言ったように、むしろ中高年がかなり伸びたり、サービス業の動きが早かったりというのが二〇一三年の状況で、二〇一四年は、全般的に雇用が改善し始めていました。近時の展望をざっというと、まず失業率は二〇一四年の四月以降、その低下が消費税増税のために滞ったのは事実です。ただ改善への勢いはいまだに持続している。完全失業率がどのくらいかは議論がありますが、だいたい三％前後がコンセンサスに近い。その意味では二〇一四年度中は三％台半ばで、現時点でもその傾向が続いている。これだけみるとまだ低下の余地がかなりありますが、それでも安倍政権になってから一貫して失業率は低下傾向にあるのは間違いない。

質的な面でいうと、二点あって、ひとつは非正規雇用が減少して正規雇用が増加していたというのが二〇一五年に入ってからの状況。さらに労働市場のひっ迫、つまり人手不足を受けて実質賃金が上昇に転じている。まだ消費税増税の影響が大きいので実質賃金は前年同月比でみるとマイナスですが、増税の影響を抜いたものはプラス、さらに増税の影響を勘案したのでも底打ちして増加傾向を見せ始めています。もちろん失業率はまだ十分に低下しきれてないし、その反面でいい意味での「人手不足」も加速してないので、実質賃金の上昇や非正規雇用の減少など質的な貢献はまだまだ見えにくいとは思います。

麻木　とりあえず今はまだ、回復の途上ということでいいのでしょうか。

田中　アベノミクス発足時での日本銀行の拡張的金融政策、これを日本型Q1とすると、金融政策の効果が実体経済に波及するには半年から一年半までかかるといわれてますが、その効果が二〇一三年から一四年にあった。そして昨年の増税でこれが悪化。まだ悪化の影響はあるけれども、他方で昨年十月末の追加緩和（日本型Q2）でそれなりに歯止めがかかっています。

円安によっても貿易赤字がすぐに改善しない二つの理由

麻木　予定どおりだったということでしょうか？

田中　いろんな予想だにしないような事例もあって、意外と貿易赤字がずっと続いているというのはあります。景気回復になると貿易赤字が続くのはよく見られる現象なんですけど、結構長いなというのがありますが、まあほぼ予想どおりの展開と思っています。

飯田　Jカーブ効果ですね。円安になった当初は、海外での売上げは大して増えないのにこれまで通りの原材料を輸入することから経常収支はむしろ赤字化します。しかし、時が経つにつれて円安を活用して海外での販売価格を下げることで輸出が拡大し、高くなった輸入品の購入が減少することで経常収支が黒字化する。このように一時的に悪化して、後に改善する様子が「J」の文字に似ていることからJカーブ効果という名前がついています。

しかし、今回はどうも経常収支の改善が遅かった。理由は二つあります。第一は、あまりにも円高が長く続いたから生産拠点が海外に移転してしまっていたという点。生産拠点の国内回帰には、通常の輸出入の変化よりも時間がかかります。八五年以降のドル安によっても米国の経常収支を黒字化するのに五年かかったのと同じ理屈です。当時の米国でもJカーブ効果が消滅したのではないかと騒がれましたが、時間はかかったけど改善はしていったわけです。その意味では二〇一四年から相次ぐ生産拠点の国内回帰など、日本は当時の米国よりは生産拠点空洞化の傷は浅かったと言ってよいでしょう。

もう一つの理由が、日本企業の商品展開・販売戦略の変化です。円安で輸出が増える標準的なロジックから説明しましょう。円安になると、日本円での価格が変わらないままだったら海外で値下げをしたことになる。値下げによって売れ行きがよくなって、それによって輸出数量が伸びるので、国内の景気回復につながるというストーリーです。いわゆる教科書に載っているような為替の貿易への影響ですね。しかしこの話は現在の日本の産業特性といいますか、現在の日本企業が海外に何を売っているのかをあまりにも無視している。リーマンショック以降の超円高期を通じて日本企業が海外に売っているものは、値下げをしたら需要が伸びるタイプのものではなくなっています。

例えば、高度にオーダーメイド化された技術であったり、ある程度性能ベースじゃなくてブランド力ベースで売っているものが中心になってきた。ブランド製品は、安易に値段を下げると、かえってマーケットを失ってしまうことがある。しょっちゅう値下げをしているブランド物は何のありがたみもないですもんね。日本の販売品はブランド製品化したものになっているので、輸出量はそもそも伸びないというわけです。

円安には企業のバランスシートを改善する効果がある

麻木 じゃあ、円安のメリットはどういう形になるんですか。

飯田 短期的に、二〇一四年前半までの主役になった円安のメリットは円換算効果でしょう。同じ一万ドルの売り上げが、日本円に直したときに一〇五万円になるか八〇万円になるかという差です。円が安くなったら海外から買うものもその分高くなるだけだと思うかもしれないんですが、そこで重要なのが、日本の企業は負債や固定費を円で抱えているという点です。企業財務を考えると円建ての売上げは増えて、コストは増えないから財務環境がよくなるというわけです。そこがいわゆる教科書の説明とは違っているところですね。

田中 そうですね。飯田さんはそれをよく言われてて、僕も非常に勉強になって。やはり企業のバランスシートが軽くなったというのが、企業がかなり元気になってきた大きいポイントですね。それは輸出が伸びたわけではなくて、売り上げ一定のままでも、為替レートによって価値が変わったと。それの影響が大きい。それをもたらしたのは明らかに金融政策の転換であるということで、金融政策の効果が実体経済にも及んでいることがわかるんですね。

あと雇用については時間がかかるんだけど、それでもかなりいいスタートが切れて、いまだに増税の悪影響はあるものの、そこそこ勢いを持続している。質的な面について、先ほどの話に付け加えると、デフレのときにはブラック企業が栄えるとか、アルバイトでも非常にブラックバイトみたいなものがあるとか話題になりました。そういったブラック企業がどんどん淘汰されていくような状況が話題になってきて、実際に徐々にではありますけど、アルバイトや派遣労働の単価も、特に首都圏ではかなり上がってきています。これはやはり雇用状況の改善が人手不足をもたらしていることの成果だと思います。普通、人手不足というと何か悪いイメージだけど、人手不足が起こらないと雇用改善にならないですからね。そういったことが、もう二〇一三年の初めぐらいの段階で見られたことが大きいかなと思いますね。

飯田　雇用に関する数字なら、毎月勤労統計の「一般労働者」あたりを追うとよいでしょう。この一般労働者の定義を勘違いしている人もいるようですが、これは正社員のことではないです。フルタイムで働いている人を全部一般労働者と呼んでいるので、シフトを多く入れているフリーターや派遣社員、契約社員なども含まれます。この一般労働者の人数が、二〇一三年の十月から前年比でプラスに転じています。正社員かどうかというのは微妙ではあるんですけれども、ある程度のフルタイムの職の人員数は伸びているわけです。もっとも、非正規労働は、アベノミクス以前からずっと三―四％の高率で毎年伸びていましたが。

もうひとつ重要なのは給与総額（月間の給料×人数）です。この伸びも現在、続いています。個々人の給与が伸びている状況にまでは到達していないという人も多いでしょうが、給与・雇用の数の積は伸びている。

さまざまな道筋から効果を発揮するのが、よい経済政策

麻木　飯田さんがおっしゃったような、円安によってバランスシートがよくなることが企業を強くするんだというのは、それはアベノミクス政策担当者が狙ってやったことなんでしょうか、結果としてそうなったということなんでしょうか。というのは、ずっと「輸出量が増えないじゃないか」ということが言われていて、それに対して有効に反論していなかったような気がするんですが。

飯田　恐らくブレーンとされている人は状況を理解し、反論の材料も十分もっていたでしょう。ただ政治家サイドはこういう経済学的な細かい説明を省いていたところがあるんじゃない

でしょうか。複雑な説明はかえって混乱を招くというような感覚があるのかもしれません。さらに、政治家サイドの理解についても、私は直接の知り合いではないのでわかりませんが、十分なものではないように感じます。その意味で、アベノミクスは、安倍さんがブレーンの提案をかなりそのままの形で飲んでくれたというところが大きいのではないでしょうか。

麻木　でも高橋洋一さん（嘉悦大学教授）は、「安倍さんはものすごく勉強していて、自分の言葉でも答弁できるぐらいだ」と言っていますよね。本当かなと思ったりしますが。

飯田　それは僕にはわかりませんが、むしろ重要なのは安倍首相が、少なくとも経済政策については誰に任せるべきなのかを大変よく理解していたという点でしょう。

元々いわゆるリフレ政策は、効く経路がたくさんあるんです。こういった政策問題と純粋な理論は、明確に区別しなければいけない。純粋に理論的な問題にとりくむ人は、少しでも「正しい可能性が高い説」を探していかなければならないでしょう。波及経路についても、理論的に精緻に定式化した上で何が最も効くのかを考えます。その一方で、実際のポリティカルサイエンスの中のツールとして経済学を考えた場合には、大切なのは精緻さとは限らない。むしろ目的を大きく外さないとか、あとは大量にいろんな経路があって、これだけいろんな景気に効く経路があるんだからそのうちの一個ぐらいは何とか動くだろうというそういうセンスが必要だと思うんです。例えばさっき言ったバランスシート経由、実質賃金経由、実質金利経由、輸出ドライブ経由エトセトラが全部効かない状況は、ほとんど考えづらい。どれも効かないということは考えづらいので、事前にどれが効くかを論じるというのは最優先課題ではない。

リフレ政策実施前の金融政策論争のときに金融緩和否定派はきまっていつも経路が、経路がと言っていた。経路なんかわかるかと。むしろ道具としての経済学を考えるときにはどの経路が効くかではなくて……。

麻木　どれかは効くだろう、が重要であると。

飯田　そうですね。どれもこれも全てが効かないという状況が考えられない政策がよい政策だと言える。ちょっと比喩的な言い方になりますけども、ホームランバッターを探すよりも、出塁したり、犠打を打ったり、とにかく何らかの形で仕事をする選手を獲得する方が大切というケースは多い。実際に経済政策とはそういうものだと思うんですね。経路がたくさんあるので、どれかは効く。どれも効かないと言う方に、むしろ立証責任が僕はあると思っています。後からふりかえると、今回の場合は、基本的には一番効いたのはバランスシート経由だったということがわかってくる。

田中　なるほど。

成長戦略が効果を上げるかどうかは市場任せの話

麻木　金融政策はよくわかったんですが、三本目の矢の成長戦略はどうしたんですか。

飯田　忘れたんじゃないですか。帽子の羽根飾りみたいなものだと（笑）。

田中　いわゆる市場関係者の人たちは、この成長戦略を見て、それが株価に影響するかどうかとかいろんなことを言ってますけど、飯田さんも僕もそうだと思いますが、最初からこの成長戦略の中身は全くもう空洞化していると見ていた。また、たとえ有効な戦略があったとしても、それが本当に効くかどうかなんていうのはかなりタイムスパンが長い問題になってくる。安倍政権の寿命を多分超えちゃうぐらいのところじゃないとわからないと。

例えば、仮にＴＰＰ（環太平洋戦略的経済連携協定）みたいなものが成長戦略の核であるとする。それで農産物の自由化であるとか、いろんなものが規制緩和されていくと。でも、そういったものがもし実現したとしても、その効果が成長率にはね返るかどうかは全く市場任せであると同時に、一体いつその効果がはっきりするのかは断言できない。つまり政策としては、実際にそれが何らかの結果にはね返ってくるなんてことは、多分政権の寿命の範囲内ではほとんどない。またそれは、コントロールできるものでもないです。成長戦略をやったからといって、成長率が必ず一%上がるとかそういったものではない。市場の結果としてそういったものが実現されるんであって、言ってみれば人間の体の動きを多少よくして自由度を上げるようなことをしたわけで、その人間が陸上競技でどのぐらいのタイムを出すかとか、そこまでコントロールするような政策ではないんですよね。たとえうまくやったとしても。

麻木　これは当初アベノミクスをスタートさせる段階において、こういうのを入れておくと、麻生さん（財務大臣兼金融担当大臣）とか甘利さん（経済財政政策担当大臣）とかそういう人たちが喜んでくれるから入れたということなんですかね。

飯田　あとは、歴代政権でも入れることになっていたので。

田中　パッケージの一部として入れただけだと。

麻木　だから本当に重要なのは金融政策の部分で、それは今の話のように、それなりに効いたということですね。

飯田　そうですね。ただ、成長戦略には大きな不満があるのは確かです。それは、政策の基礎がどっちを向いているのかいまいちわからないことです。成長戦略とか成長政策と呼ばれるものは二通りパターンがあります。特定の産業を指定してそれを保護、育成していく、いわゆる「ターゲッティングポリシー」と、規制緩和によって民間の活力を呼び込んでいく「自由化・規制緩和政策」です。僕はもちろん自由化・規制緩和政策がいいと思っているんですけれども、一番悪いのは、重点がどちらにあるかがかわからないことだと思うんですね。

企業側が長期的な投資行動を考えるときに、多少変な産業政策だったとしても、とにかく医療・介護にこんなに補助金がつくとはっきりしていたら、それを前提とした設備投資を行なうでしょう。自由化・規制緩和だといったらそれに応じた技術開発、研究開発をやろうと思うんです。けれども現状だと、どちらに進んでよいのかさっぱりわからない。そうすると企業側としては、例えば新しい投資をするとしても、少なくとも自分がいる業界がどっちに向かうかを示されてからにしたいんですよね。ものすごい大規模な、例えば医療ツーリズムのパッケージプランとそのための病院を建ててしまってから、やっぱり規制緩和政策はやめたわ、と言われたらたまらないわけです。そういう意味で、こういった成長戦略で重要なことは、ファースト・ベストの選択をすること以上にとにかく何をやるのか決めることだと思います。

麻木　現状、規制緩和は何と何を言ってるんでしたっけ。ネットでお薬とか、カジノとか。あとは何でしたっけ。

田中　カジノも規制緩和じゃないんじゃないの。だって日本人はやれないとか言われてましたしね。それは緩和するみたいだけど。

「クールジャパン戦略」は衰退産業保護の「反・成長戦略」

麻木　岩盤規制を打ち破る！というと威勢がいいですが、具体的には何だったっけという感じで、ちょっと内容がわからないんですよね、この件に関して。

田中　そうですね、あとどっち向いてるかわからないことが特徴で、僕なんかの関心のあるところでは「クールジャパン戦略」とかね。あれなんか、もう明らかに何がやりたいんだかわからないものの典型ですね。あの官民ファンドの「産業革新機構」でしたっけ。大体は政府が出資しているんだけれども、民間の人も出資できるという。そこから例えば八千億円ぐらい使って——上限一兆円ぐらい政府が保証するんだけど——、いろんな業態に補助金を出すんですよ。簡単に言うと。

麻木　そんな、一兆円規模で？

田中　それは政府保証の分ね。いま実際にやっているのは、大体八千億円ぐらいだったかな。そのうちの数十億円ぐらいが、出版とか音楽産業とか、いわゆるクールジャパン枠みたいなところで使われているんですよ。クールジャパン戦略の受け皿みたいな民間企業が三つぐらい、いつの間にかできている。例えば映画関係、ハリウッドに日本の映画を売るための会社だったりする。そこに、形は民間出資みたいだけど、裏にはもう政府保証がばっちりあるような出資がされている。簡単に言うと、税金で保証しているようなものですから。こういったものは別にクールジャパンだけじゃなくて、いま言った八千億円で使われているいろんな業態で言えると思います。形は民間なんだけど、裏で動いているお金は政府のお金、つまり税金で担保されている。特殊法人でも公益法人でもない、官民一体というかたちが隠れ蓑になってる。そして責任のあいまいなお金の使い道がなされていて、結局赤字がかなり出ているんですよ。

麻木　じゃあ今それは、不良債権化しつつあると。

田中　うん、不良債権化しつつありますね。景気がよくなっているのに赤字企業が結構増えているということは、よほどガバナンスがいいかげんなところに貸しているなと。初めは不況対策で始まったんだけど、今はもう、どう割り引いても、リーマンショック後に日本が直面した不況の局面じゃないですよね。だけども、ずっとそれは続いていくんですよ。今度は産業振興策として、新しい成長部門を見つけようというお題目で。でも、クールジャパン戦略で支えている音楽産業って、どう考えても実は成長産業じゃなくて、はっきり言って衰退産業保護になっちゃっているんですよね。明らかにCDなんか売れてないわけです。もう衰退産業化している部門にどんどんお金をつぎ込んでいる可能性もある。そうなると成長戦略ではなく、〝反・成長戦略〟とさえいえてしまう。

麻木　音楽産業って、今のは国内の話でしょう。クールジャパンというのは世界に売っていく話ですよね？

田中　いや、やっているのは国際見本市みたいなことをやって、そこで日本のことを宣伝するんだけど。例えば日本でも、ドイツとかフランスとかアメリカの人たちがいろんな見本市をやっているじゃないですか。だけどそれで私たちがどれだけドイツのものとかフランスのものとかアメリカのものを、その見本市を見て買っているかというと、ほとんど影響ないですよね。それと同じことを日本が外国に行ってやっているんで、その効果はもうほとんどないに等しいですよね。

飯田　宣伝は大切ですが、元がとれるなら民間が勝手にやるわけです。無計画なイベント主義では代理店さんにお金を流すだけに終わるでしょう。コンテンツ産業も、ほかの産業もですけど、一番簡単な振興策はコストを下げてやることなんです。原材料費や固定費を下げて、その中で好きにやらせて、失敗するものも出てきて、成功するものも出てくる――そうやって産業は成長するものなんです。田中さんの方が全然詳しいと思うんですけれども、例えば韓国の映画産業では、大規模な撮影所とか、李王朝時代の街並み再現セットみたいなところを用意して、それを貸してあげると。そういうふうにすると、作品を作りたいやつは作る。

現代劇に比べて時代劇は少なくとも倍のコストがかかると言われています。何にかかるかというと、一つはセットを借りるのに金がかかり、メイクに金がかかる。もう一つなるほどと思ったのは、京都で撮影となるとタレントさんを拘束するのにすごくお金がかかると。だから、作りたくても作れないという状況になりがちなわけです。例えば東京の郊外の野っ原みたいなところにがつんと江戸時代ができちゃえば、大分違うと思うんですよね。それは、僕がつくってほしいというだけの話なんですけど（笑）。そういう地道な解決ではなくて、官製コンペやって末端にちょっと金をまいてお茶を濁しているレベルにとどまっているように感じます。コンテンツ産業に限らず、あまり成長戦略自体は見るべき成果を得ていない現状です。

田中　そうですね。だから企業の個々の負担を減らすという意味では、やはり金融政策の方が効率的というか、割がいいと思うんですが。しかも特定産業じゃなくて、全産業的に恩恵がいきますから。

けれども、金融政策に対する評価は、もう二〇一二年の終わりから、ただ株価を上げて円安でもうけているだけだ、一部の人間の既得権を増大させているだけだ、という批判が一貫してずっとあります。雇用の改善、特に失業率の低下や有効求人倍率の上昇や報酬の増加傾向と、金融政策の効果をリンクして話すようなマスコミとか論者は、ほとんどいない状況ですね。

「一様な成長」は無いものねだり、分配政策をきちんとせよ

飯田　地方が取り残されている、中小企業に恩恵が及んでいない、という批判も強いですね。雇用の改善度合いを見ても、景気ウォッチャー調査を見ても、今回は地方間格差の比較的少ない景気回復なんですが……。企業規模別で見ても、絶対水準はともかく、改善の度合いは企業規模間格差がそれほど大きくありません。これは日銀短観などをみるとわかります。

確かに回復・成長が一様ではないのは確かです。しかし、これまでに「一様な成長」なんてあったんでしょうか。例えば一九六〇年代の半ば、東京オリンピックのときに世論調査で「今は全国的に均質で平等な成長が達成されていると思いますか」と聞いたとしたら、イエスの人なんてほとんどいなかったと思うんですよ。成長というのは不均一なものなのです。このように説明すると、トリクルダウン理論のように思われるかもしれません。経済成長すればいつかみんなに恩恵が及ぶよ……みたいな。

麻木　ただ、一方では、自然に任せておいたらトリクルダウンするかといったら、それはやっぱりそうじゃない。

飯田　それはもう全く間違いですね。放置したら富める者がますます富んでいくでしょう。

ちなみに景気が悪くても富める者はますます富んでいく。この種の格差は自由主義経済である以上しょうがないことなんです。そこで考えなければならないのは政策の役割分担です。自由主義経済の中では何もしなければ格差が拡大する――ならば再分配政策を行なわなければならないという話にならないとおかしいと思うんですよ。トリクルダウンが成り立っていないなら人為的におこせばよい。そのために、さまざまな分配政策とか社会保障制度をつくるべきです。それと経済成長のための政策は別立てで考えなければなりません。

麻木　だからそこに対して適切に手を加えて、トリクルダウンをちゃんと後押しするという信用がないと、そういう批判になっちゃうんじゃないかなと。

飯田　そうですね。そして困ったことに政策論を語る、またはコメントする人間の多くが「トリクルダウンをしないから経済成長はだめだ」という方に行くんですよね。経済成長しなくても、むしろ経済成長しないほど格差は広がるんですが。トマ・ピケティの『21世紀の資本』なんかはまさにそうで、別にピケティは経済成長否定の話を全然してない。ピケティも明確に書いているのは、低成長になると格差はより深刻化するというポイントです。自然に任せたらトリクルダウンしないんだから分配しなければいけないというまっとうな提言にむかうべきです。

麻木　ただ現状では、経済成長を格差縮小につなげていくぞという熱意があまり感じられないというのも、事実です。

田中　さきほどの一様な成長がないという議論について、過去僕が一九六〇年代を経験しているんで思い出してみると、笠信太郎という、当時朝日新聞の論壇のエースみたいな人がいて、彼は「花見酒の経済」と当時の経済状況を表現したんです。つまり高度成長のときも、やはり不動産価格や株価が最初に上がっていくんですよ。今回と同じように、資産価格上昇が先行する。それに応じて雇用も改善していくんだけど、笠信太郎の批判というのは、資産価格の上昇というところで日本の経済成長は、今風に言うとバブルであるということ。だから、一般の人たちに恩恵がいくわけはないと。だから一様な成長は実現できないと彼は言ったんですよ。

それに対して小宮隆太郎が、そんなことはないと。経済成長というのは、当時そういう言葉はなかったけど、トリクルダウンみたいな波及をすると。トリクルダウンを批判する論者、例えば欧米だと（ジョセフ・E・）スティグリッツ（経済学者、コロンビア大学教授）が代表的ですけど、彼は、雇用が改善しないからトリクルダウンはアメリカでは成立していないとよく言うんですよ。実際にはアメリカでも改善しているんだけど、とりあえずそれは置いといて、日本のこの状況を見てみると、先ほど非正規雇用がかなり改善したと言いました。これは今まで専業主婦であった人たちが、不況の中では働くのを控えていたことがまず前提にあります。職を探しても満足なパート先とかアルバイト先がないので、もう家にこもってしまっていた。いわゆる求職意欲喪失者と言われる人たちが、不況のときには多かった。ところがアベノミクスが実施されてからそういった労働市場では立場の弱いところからいち早く改善していった。

つまりトリクルダウンには、資産価格が上昇して、それで金持ちが消費を増やして、それで雇用も改善するという欧米的なシナリオがあるんだけど、日本の場合は、そういったシナリオも機能したんだけど、一方で雇用がいち早く改善している。しかも縁辺部分、労使間の交渉力が一番弱いような部分が改善している。パートやアルバイト、あとは若年雇用とか、また先ほど言ったように高齢者市場が改善しているところを見ると、日本の雇用市場は、トリクルダウン云々ではなくて、簡単に言うと括弧つきの「弱者」にストレートに恩恵を施すような結果になっていたと言えると思うんですね。

だから、日本は一部の資産家、お金持ちだけが得するような経済構造にはなっていないということが、今回のアベノミクスの成果からも言えるんじゃないかなと思うんですよ。

麻木　……というのがアベノミクスの成果であると。ですが昨年の消費税増税でどうも風向きがかわってきたのではないかと……。

安倍首相はアベノミクスに飽きたのか――雇用指標だけが頼り

麻木　とにもかくにも前進していたアベノミクスであったわけなんですけど、結局予定どおりに消費税率を上げてしまったことで、実は局面ががらっと変わっちゃったなと感じています。増税前まででであれば飯田さんがおっしゃったように、そもそも一様な成長なんてあったのかというのは、それなりに説得力を持って聞こえてたんですけど、今こうして消費税が上がったとき、まさに消費税は逆進性があるわけだから弱い人から取っているわけです。弱い人にさらに手厚くしていくことでトリクルダウンが成り立つはずなのに、今この流れでは、ここからいよいよ一番下に波及するというときに、先に下から取ったことになる。やはり安倍政権は格差縮小に不熱心なのではないか、その点においてやはり安倍政権を信用できないところがあります。本当に信用できないのか、それともそれをさらに調整する能力、あるいは考えが現政権にあるのかないのかというのが重要なところなんだと思います。

現状では、安倍さんはもうアベノミクスに飽きたのではないかという感じさえしていて、トリクルダウンの一番下まで流れていくのを見ることもなく、お気持ちはもう集団的自衛権とかそっちのほうに行っちゃっているのではないか。こうなると、結局トリクルダウンしないじゃないかという批判は、当然言いたくなるよねというのがあります。多分このタイミングでは、その見通しがすごく大事なのではないかと思うんですけど、どうでしょうか。全然様相が変わっちゃったなという印象があるんですが、それは単なる印象なのか、それとも実際にそうなのか。

田中　例えば僕なんかは、雇用を見てて、新規求人数だけ見ると、やっぱり明らかに二〇一五年に入ってピークアウトしたなという印象がありますね。失業率は遅れて反映するんで、あまり今それは当てにならないんですけど、新規求人数は、大体経済動向と同じテンポで進むんで、それで見ても、もうちょっとピークアウトしたという印象が強くなってる。

ただ、あまり激しく落っこちてないんで、本当にこれからどうなるのかというのは、二〇一五年の夏以降の経済状況に大きく依存すると思います。片岡剛士さん（三菱ＵＦＪリサーチ＆コンサルティング主任研究員）がよく言うのは、前回消費税を上げたときよりも、テンポ的には悪い可能性が出てきている。つまり、雇用もかなり落ち込んでくる可能性がある。いま日本銀行が結構重視してるのは、ほかの消費も投資も、いろんなところの指標が悪いかパッとしない。だけど雇用指標にかなり偏った見方を採用して楽観的すぎるように思える。しかも、なぜか知らないけど失業率を見ている。

飯田　完全失業率は現代の雇用指標としてはかなり問題が多いにもかかわらず。

田中　そう。日銀は期待をコントロールしなきゃいけないのに、期待の結果として、しかも一番遅く出るような指標をいま重視してるんですよ。つまり、日本銀行がかなり変容していて、そこしかもう頼みがなくなっちゃってる段階だというのが、アベノミクスの三本の矢を考えるときに結構大きいポイントかなと。特に黒田日銀総裁の発言内容が、かなり財務省寄りに変質しているんじゃないかなという印象なんですね。

つまり簡単に言うと、消費も投資も、あと先行指標もこれだけパッとしない。雇用だけはなんとかいま現在はもっているけど、要するに現状はかなりの総需要が不足している状況だと思う。本書の序論に書きましたが、ざっと一〇兆円超のデフレギャップがあると思う。これは僕は構造的失業が二・七％程度だと思っているわけですが、日銀審議委員になった原田泰さんであればこの構造的失業をもっと低く算定しているはずなので、現状の失業率が三・四％とするとおそらく二〇兆円近くの総需要不足があるはず。なので、雇用はいいかもしれないけれども、まだまだ改善の余地が十分にあり、おまけに先行指標が悪いということは雇用も今後落ち込む可能性を秘めている。追加緩和の出し惜しみをしている時期ではないと思っています。

物価上昇の要因は、円安ではなく消費税増税である

麻木　そこがちょっと私よくわからないんですけど、完全にだめになってから追加緩和しても効果が限定されるというか、効かなくなっちゃうわけだから、早めに手を打って期待を転換させて、それで経済状況をよくしたほうが、ほら、こんなによくなったんだから、皆さん安心して二年後に増税しますよと言えるんじゃないの、という気がするんですけど。その案配はどう考えているのか。このままだと、なにがどうなろうが消費税率は上げちゃうんでしょうけ

ど。でもどうせ上げるんだったら追加緩和を早めにして、それによって経済がさらによくなって、ほら、アベノミクスはさらに成功しております。だから順調に一〇％に上げても大丈夫ですよと言ってほしいと思うんですけど。

飯田　少し日本銀行サイドっぽい説明を試みてみましょう。いま日本銀行は非常に面倒くさい状況に直面しています。理由は、最近テレビ等メディアでもおなじみな、円安によって物価が上がり過ぎて大変なことになってる、これは量的緩和が失敗した証拠である、という議論です。

麻木　そっちに気を使っているということですか？

飯田　ある程度は気をつかわざるを得ないでしょう。そうすると、現在は順調ですと言わざるを得ない。さらに、いろいろな談話を見る限り、黒田総裁はもうこのくらいの円安でよいという見解のようです。経団連も一一〇円台半ばでオーケーだと言っている人が結構いる。言ってない人もいるんですけれども。追加緩和したら、よりいっそうの円安になるでしょう。だけれども、それを許してもらえない。逆にむしろ自民党の中でも財務金融部会の委員とかが平気で、量的緩和のせいで物価が上がったので経済を引き締めなきゃいけない、みたいなことを言うんですよね。

ただ昨年度（二〇一五年三月）までの物価上昇の２／３は消費税要因だということを忘れては

いけません。さらに消費税を上げて物価が下がるような事態になったら、それこそ大変なんですが……。

麻木　つまり、金融緩和のせいではない。

飯田　そう。例えば、二〇一五年五月の食料及びエネルギーを除く消費者物価指数の伸びは前年比〇・五％です。やっとこさ長引いたマイナス域から一応のプラス域に移行したという段階に過ぎません。

「円安悪玉論」は、次の増税への地ならしか？

麻木　でも、だとしたら日銀がそう言えばいいじゃないですか。

飯田　日銀は、消費税のせいとは言えないでしょう。これは職掌の問題上しょうがないでしょうね。ただ、円安のせいでないとは一生懸命言ってますね。でも、暗にわかれよ、ということなんですけど。

消費増税については、僕は御用エコノミスト、御用学者の罪はめちゃくちゃに重いと思っています。何が重いって、増税後、各産業で一気に在庫が積み上がったんですね。増税した昨年の四月以降この在庫が積み上がった理由は、消費税の影響は軽微であるという大キャンペーンの影響が、かなり大きい。影響は軽微だと言い続けたせいで、増税後にむけての生産調整（抑制）があまり行なわれなかった。でも実際には消費は大きく減退したわけですから、売れ残りの在庫が積み上がるのは当然のことなわけです。積み上がった在庫が売りさばけるまで、生産は抑制されます。なんというか、わざわざお手盛りで在庫調整しなければいけない状況を作ってしまったようなものですね。

麻木　「お天気のせい」になってますね、いろんなことが。

飯田　そうなんですよ。それだったら、本当に真面目に過去の大規模災害があった年と比べればいいのに、全くそういうことをやっている人がいないんですね。伊勢湾台風が来た年でもよければ、一九九三年の連続台風二二号、二三号のときと比べてもいい。そのとき、本当にこんなに消費が落ちましたか、と。落ちてないんですね。全く真面目に議論する気がないんだと思うんです。そしてさらなる消費税増税を断行するために、円安に濡れ衣を一生懸命着せようとしている。

麻木　もう少し、日銀がどういうつもりなのかを伺いたいんですけど、要するに今、追加緩和して景気よくした方が、結局は税金だって上げやすいんだし、その方がそちら側全体としていいじゃないかと思うけど、なぜ、そうじゃない、円安のせいだという方に気が行っちゃってるんだろうか、と。

田中　とりあえず、いままた追加緩和が話題にはなってますが、日本銀行が二〇一四年の十月末に追加緩和を決めました。そのとき多くの人が予想外だったと思うんですよね。なぜあのタイミングで追加緩和したのかとか、それ以前になぜしなかったのかとか、いろいろ考えたい点ではあります。

その前に、簡単に、いま日本銀行が一体何をやっているのか。要するに異次元緩和とか言われていますが、正式名称は、量的・質的金融緩和です。これを簡単に説明しておきますと、大体四点ぐらいポイントがありますね。

一つは、金利から量のコントロールに移っていること。

それから、マネタリーベースのコントロールを採用していること。大体どのぐらいかというと、追加緩和した結果、二〇一四年の十月三十一日以降、従来の六〇兆―七〇兆円から大体プラス一〇兆―二〇兆、八〇兆円ぐらいの規模に年間残高を増やしていくようなことをやっていると。これをやると、前年比の平均伸び率が、現段階でもっと行っていると思いますが大体四〇%超になる。白川前総裁時代は大体七・四%ぐらいなので、相当な拡大です。

第三点は、長期国債の買い入れに大きく傾斜しているということですね。これは大体、今回の買い入れ額も増やしていくということで、あとはいわゆる平均残存期間を、七年ほどにしている。狙っているかどうかわかりませんが、白川時代は大体三年程度だったので、これも倍増していることですね。あと、多様な資産を買うと。ＥＴＦ（上場投資信託）とかＲＥＩＴ（不動産投資信託）とか、そういうものの買い入れを拡大していく。

さらに重要なのは、インフレ目標二％を、今年の終わりぐらいまでには実現したいといっていました。でも、最近では、黒田総裁は来年の前半までにその目標到達をずらした発言をしている。これは追加緩和に消極的な態度とともに、インフレ目標のもっている経済的効果を大幅に削減してしまっていると僕は思っています。

その他に、いまの日本銀行の特徴として雇用の重視はやはりあります。多くの海外の中央銀行は雇用にコミットしているので、ようやくわが日銀も並みになってきたのかもしれない。例えば典型的には、アメリカのＦＲＢ（連邦準備制度理事会）は雇用の最大化に直接もう目標を定めているんですが、日本銀行も素朴に観察すると、実戦部隊が今何をやっているかというと、金融政策と雇用の関係をずっと研究しているんですよね。これはかなり最近業績も出てきて、明らかに日本銀行の意識が変わってきていると。つまり雇用を重視する姿勢、ようやく普通の中央銀行になってくれたんじゃないかなと、僕は思っています。ただ、やはり不透明なところもありますよね。なぜ昨年十月末に追加緩和をやったのかとか、それは消費増税をしやすくするためという政治的な要因なのかどうかとかいったこともとても気になります。

金融政策のキモは、量より質（コミットメント）である

飯田　僕も昨年の追加緩和のタイミングはすごく意外でした。なんでこの時期なんだと。そもそも僕は、リフレ政策とか金融政策の核は、量じゃなくて質――より具体的には、ベースマネーの量ではなく、金融緩和の継続性とそれへの信任だと考えています。かつて時間軸効果と呼ばれていたものですね。

仮に、一〇年間絶対に確実に短期金利がゼロだということが決まっていたら、タームプレミアムを除くと一〇年物長期金利もゼロにならざるを得ません。しかし、ずっとゼロということに確信は持てない。いつか金利が上がるんじゃないか、日銀が上げるんじゃないかという恐怖があるので、長期金利はゼロにはならないわけです。仮に――そんなことは無理なんですけど――、X年間何があっても絶対にゼロ金利で、それ以外にはなりませんよということを市場に信じ込ませることができたら、量的緩和は要らないというのが僕の考え方なんです。

もっとも、人の頭の中は操れないので、そんなことは不可能です。そこで必要になるのが長期国債の買いオペです。七年残存の国債まで買い入れて長期金利を下げるということは、七年間はあまり金利を上げないということを表明したのと同じだと民間が受け取るでしょう。だか

ら、長期的に金利が低いということを確実視させるために、量的緩和が必要になるわけです。その量的緩和の大きさが大きければ大きいほど、積んだ国債を吐いて（売りオペして）金利を上げるのが大変になるので、ゼロ金利状態はもっと長く続くだろうと民間は予想する。なので、信用できるからある程度実体的な投資に回していこうとか、もうちょっと目先で言うと国債なんか持っている場合じゃなくて、株買わなきゃということになっていく。

なんといっても政策の肝はコミットメントなんです。だとしたら、コミットメントを強める方法を考えないといけない。その一手段として僕は、雇用を目標にしてはどうかと思います。例えば、雇用の数値に対して明確な目標を持つと。失業率は何％以下が一年間継続することとか、有効求人倍率が安定的に幾つ以上を一年推移することとか（失業率も有効求人倍率もあまりいい指標じゃないんですけれども）。これをゼロ金利政策の解除条件であることを宣言する。雇用目標は、ベースマネーをただ積み増すだけ以上の意味があると思うんですね。

雇用ターゲットによって、景気が本当によくならない限り利上げはしませんよということをしっかり明示していかなければならない。その意味で、僕は雇用問題への日銀の言及はよい傾向だと考えています。ただ、インタゲに比べると指標の選択がものすごく難しいので、困るは困ると言いますか。

麻木　どの指標がお勧めなんですか。

飯田　僕は、雇用者数、総実労働時間の伸びだと思うんですね。失業率ですと、求職者、つまりは実際に職探しをしている人だけが分母なので、職探しが活発化するとかえって失業率が上がってしまったりする。特に有配偶者女性に多いパターンなんですけど、景気が悪いので職探しをあきらめているという人が分母に入らないわけです。有効求人倍率も当然ながら求職しないと入ってこないので、ライフスタイルが変わったりするとそれだけでぶれが大きくなっちゃうんですね。だからもっと明確なのは、僕はアメリカのような非農業部門雇用者数だと思います。

麻木　絶対数ということですよね。

飯田　絶対数で考えた方がよいでしょう。日本の場合はいまだにパート労働の比率が、特に女性は非常に高いので、総実労働時間がよいかもしれません。状況によって大きくは動かない数字の方がいいと思っています。その場合に、では何%がいいのかというのは、ぱっと先行研究から思い浮かばないのですが。

田中　今のところだとそういう労働者数じゃなくて、ベアを実現するか否かが実質的なターゲットになってる可能性がある。政労使がコミットしていますよね。毎年ベアを続けていくことにこだわりが強くある。ベースアップの具体的な幅まではわからないけど、ともかくベアを実現するということに、日銀も意識がいってるように思える。影の目標化ともいえます。

飯田　なるほど。

田中　つまり昔の教科書には書いてあったんですけど、オールド・ケインジアンが所得政策というのを提起したことがあって、それは政府と労使が三者協調して、名目所得を上げていこうという政策にコミットしようと。実際にはあまりうまくいかなかったんだけど、それをちょっと現代風にアレンジして、インフレ目標と連動させながら、つまり中央銀行とつるむような形にするんですよ。昔の所得政策が何で失敗しているかというと、中央銀行の金融緩和政策の役割を軽視していた。でも今回は中央銀行も二％のインフレ目標を一応持ちながら、ベア実現というところで動いているのかなと。あれだけベアにこだわっているというのは、すごいというか。

飯田　すごくオールド・ケインジアンっぽいですよ。

田中　そう、オールド・ケインジアン。

「残業代ゼロ法案」の真の狙いは何だったのか

麻木　最近のいろんなニュースを見ていて、ちょっとよくわからなくなっちゃってるんですが、今のお話だと、要するに雇用を重視する姿勢を日銀も打ち出してきて、最終目標はそこ

図3　需給ギャップとAD-ASモデル

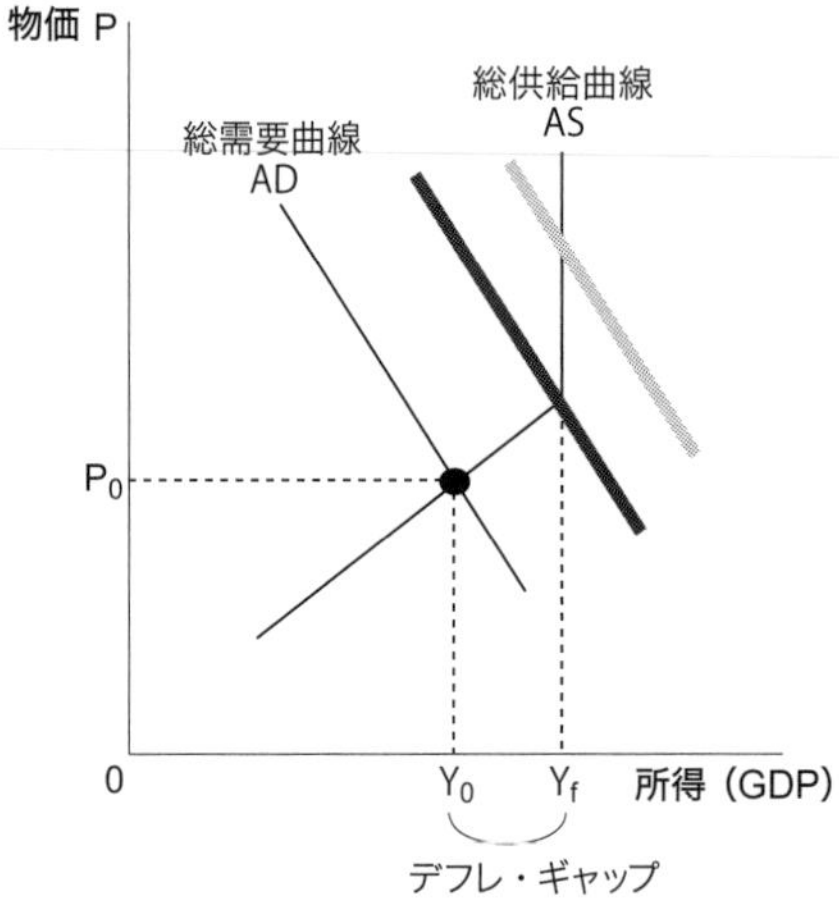

なんだということを明確にしていこうとしている。そのためにはベアにもコミットして、今までに例のない言及をしていくというと、何か今すごくいいことだなという気がするんですけど、でも一方で話題になっているのは、残業代ゼロ法案とか、例によって竹中平蔵さんが正社員なんか全員やめてしまえとか、もちろん安倍総理自身が言ってるわけじゃないけれど、でもどちらかと言ったら政策決定現場に近い人たちが一方でそういうことを言っている。だから、全体としていま行なわれていることが、どういう雇用のかたちへつながっていくのかというのがわからない。例えばさっきの失業率が改善したといったって、全員が非正規で、今年はいいかもしれないが来年クビになるかもしれない雇用で、上がっ

た、上がったと言われても困るわけですよね。何か、その辺のメッセージがよくわからないんですよ。実際のところはどうなんだというのが。

飯田　デフレギャップの話をするには、AD－ASモデルを使うとよいでしょう（図3）。実質賃金の上昇が発生しやすいのは、総供給、つまり「つくる能力」の上限に近いときです。デフレギャップがなくなると、賃金を上げないと人を確保できなくなりますから給料は上がらざるを得ない。つくる能力いっぱいいっぱいで操業しているので、各社はより一層人を雇って増産するためには、よそから奪うか、働く気が薄かった人を労働市場に呼び戻さなきゃいけないわけです。ベアしなくても済むのだったら企業はベアはしたくないと思うんですが、雇用情勢がよいと、ベアオーケーですよというのをにおわせざるを得なくなる。

麻木　ベースアップをしておきながら残業代をカットするというのは、ちょっと私には意味がわからないんですが。それはどうなんでしょうか。

田中　僕は、残業代ゼロ法案を、そのまま報道どおりというか、額面どおりとっちゃうとまずいと思いますけど、その範囲は、とりあえず年収一千万以上が、省令で決まるみたいなんだけど。

麻木　だけどそんなもの、いつまでも守られるものなんですかねえ。

田中　過去に、派遣労働の対象が、初めは非常に慎重でごく一部だったのが、十数年のうちにどんどん拡大していって、何でもありみたいになってきてしまっている。そういうやり口に、みんな懲りているわけですよね。だから、初めはそういう、一千万以上の人たちの選択制みたいになっていても、それがなし崩しになっちゃって、単純な成果給みたいなものに移行しちゃうんじゃないかという恐怖心は、僕も共有しています。

麻木　だから、要するに雇用を大事にすると言ったときに、具体的にはどういう労働者像を頭に描いて言ってるのかというのが、私自身ぴんとこないし、多分みんなぴんとこないんじゃないでしょうか。

田中　残業代ゼロの話は厚労省の話ですが、所得政策は日本銀行がかかわっているという、いわゆる縦割りになってしまっている。

飯田　ホワイトカラー・エグゼンプションについては、残業代ゼロというところがピックアップされすぎましたね。その陰で何が進んでいるかを考えなければいけない。元々の動機は、残業型というか時間で管理されるタイプの労働者と仕事内容で評価される労働者を早期に分けたいという考え方なんですね。

麻木　要するにノンキャリア的な働き方と、キャリア的な働き方は違うだろうということが言いたいわけでしょう。

飯田　そうなんです。残業代はあるけれどもどう残業したって五百万円いかないよという層と、残業という概念はない……つまりは成果を上げられるまで働くかわりに出世して行く層というのを分けたいということです。欧米ではこの道がだいぶ早期に分岐しますが、新卒一括採用システムの合理的な側面も考えて、三十代でこの道を明確に分けて、社内で異なる雇用契約を結ぶことを容易にしていきたいということでしょう。

採用後一〇年かけて審査してキャリアとノンキャリアをわけて、別の処遇を与えるというのは労使双方にとって悪くない提案だと思います。これはある意味一般職の男性を増やすという考え方だととらえるとわかり易いのではないでしょうか。

ホワイトカラー・エグゼンプションで残業代ゼロがすごくピックアップされたのは、それを求めている大企業にとっては思うつぼだったかもしれません。本当にやりたいことには誰も注目しなかった。本当にやりたいのは労働者を二つに分けましょうという話で、むしろ残業代を払うか払わないかはマイナーな論点とさえ言えるかも知れません。

長期的・安定的な職を提供することが、むしろ生産性を高める

麻木　安倍政権としてはどういう労働者像を描いてるんですかね。

田中　そこら辺は、さすが麻木さんは厳しいと思いますが、はっきり言って僕も全然わか

らないです。マクロはよくわかるんだけど、そういったミクロ的な話というのはよくわからないというのがね。どうなんですかね。

麻木　それがわからないことには、何だかいいことが起こってるんだか、悪いことが起こってるんだか国民はわからないと思うんですよ。

飯田　近年ではアベノミクスというのは事実上「クロダノミクス」だという人もいます。金融政策以外はあまり具体的なことをしていないという意味で。クロダノミクス、日銀の金融政策にとっては、目指すべき労働者像というのははっきり言ってどうでもよいのです。これは労働者に冷たいからではなく、金融政策というのはそういうものだというだけの話。賃金変化率や失業率は、足下の経済が供給上限に近いか低いかをはかる指標として使っているだけなんですね。労働市場の中身を変えるのは金融政策の仕事ではない。

麻木　確かに日銀という立場からすればそれでいいというか、それ以上のことを考えるのはむしろよくないのかもしれないですけど。

飯田　一方で、政府にとっては一番の課題なはずです。正社員よりも非正規またはフリーの働き方を中心にした方が効率的だというのは、少し古い考え方になっていると思うんです。かつてであれば、正社員雇用を守って非効率だけど平等な状態を目指すのか、規制緩和によって効率を向上させるのかというトレード・オフがあったかもしれません。この構想はもう現在では崩れてしまったというのが僕の理解です。

その理由が、生産性の源泉が人的資本に移ってきているという点です。長期安定的な雇用の中で仕事に慣れて能力を蓄えていった方が、むしろ労働者としての生産性が高くなる。つまり、ずっと非正規、不安定職だと逆に人的資本が蓄積されにくいので、日本経済そのものにとっても悪いという考え方の証拠が増えてきているように感じます。

これからの日本は、低技能労働者を大量に集めて、大量生産して海外に販売してという経済に、もうどうやってもならないでしょう。そう考えると、日本全体の効率を考えても正社員化、または正社員という名称はあまり良くないと思うので、言い換えるならば安定的な職の提供というビジョンが必要だと思います。

麻木　長期間安定して、安心してキャリアを積みながら生産性を上げていく過程を踏める労働者像ということですね。

飯田　そうですね。その方が、実はマクロの経済成長にとってポジティブなんじゃないでしょうか。最近の経済の転換を見るにつけそう感じるんです。

麻木　問題は、マクロにとってポジティブなことでも、ミクロの話になるとみんな逆をやるでしょう。生活保護の問題だってそうじゃないですか。実は、生活保護をしっかりと出した方が社会全体で言ったらプラスかもしれないのに、目先のちょこっとした不正受給があると、カットしろ、カットしろというふうになる。

飯田　まさに経済政策において、経営者にマクロをしゃべらせるなというのと同じですね。経営者は、自分の任期中に業績を上げる方法としてはリストラが一番手っ取り早いでしょう。賃金を下げれば、下げた分だけそのまま利ざやは増えるわけですから。ミクロでは賃下げとクビにしやすくする制度改革は歓迎なわけです。しかし、それを全日本でやってしまったら、マクロでの人的資本が全然育たない。

麻木　結局それに対しては、法律とかそういうものでバシッと枠をはめておくべきですよね。そうしたいのは山々でしょうができません、違う道を考えてくださいね、と言わないとマクロで合理的な方には行かないでしょう。さっきの残業代ゼロじゃないけれど、先々が当てにならない。そこはどうなのか。

企業の淘汰が避けられないならば、「幸福な倒産」が望ましい

飯田　もうひとつの生産性向上のカギは人材のマクロ的な配分です。低生産性産業から高生産性産業に人が自発的に移ることによる成長余地はまだまだあると思います。そして会社の垣根を越えた人材配置の調整はインフレ下の方がやりやすい。その理由は、名目賃金の下方硬

直性にあります。

賃金の絶対額を下げるというのは難しいんですよね。労働者側の抵抗感も強いですし、賃下げによる士気の低下も深刻です。例えばローンを抱えている人は賃金の額が下がってもローンの支払いが減るわけではないですから、家計への負担が大きい。マクロレベルで見ても、賃下げはその金額以上のインパクトをもたらしうるので慎重にならざるを得ないわけです。そうなると衰退産業の賃金が下がって人が移動するということがなかなか起きない。起きたとしても倒産によってやむを得ずという非常に厳しい調整になるでしょう。

高度成長、安定成長期はそれなりにインフレ状態だったので、産業間の賃金調整がスムーズに、賃金の絶対額の引き下げなしに遂行できた。インフレの中で、それに応じた賃上げを出来る企業、ついていけなくて賃金が上げられない企業がひとりでに選別されていくわけです。賃上げについてこれない企業は、気づいたら誰も働いてくれなくて衰退していく。資本主義経済ですから、企業の淘汰は避けることが出来ません。避けることが出来ないなら失業なしの淘汰の方がよい。

これこそが現代の日本が目指すべき産業の新陳代謝なのではないでしょうか。つまり、賃下げとかクビはない。ただ、賃金が上がっている人・企業と、上がらない人・企業がいると。全然もうかっていないし、この給料じゃ全然人が来てくれないという状態の企業は、ゆっくり淘汰される。倒産ではなくて解散のような形で。今までだと、負債がかさんで倒産すると、雇用されていた人にとっても、経営者にとっても地獄です。経営者は、特に零細企業だと個人が債務保証していますから、どうにもならないわけですよね。上昇ペースについていけなくて、人を集められればもうかるんだけど全然集まりませんという倒産ならばそこまで激しいつぶれ方にはならない。

これを岡田靖氏は「幸福な倒産」というふうに呼びました。時代についていけない産業があるというのは、しょうがない。これはもう必ず、いつの時代でもある。そういう企業が倒産ではなくて、もうやりようがないので消えていく、解散していったりするという方が望ましいいんじゃないかなと思うんですけど。

麻木　そこにいた労働者の人はもうほかに移動すると。

飯田　移動というか、その前に多分逃げちゃうでしょうね。逃げ場があるからこそ、人が集まらなくて操業できなくなるわけで。

あと、先ほどの話にもなるんですけど、日銀が雇用問題にコミットするというのは重要だということに関連して、そのときの目標とする指標として、名目ＧＤＰはありなんじゃないかと思います。ただ、名目ＧＤＰは発表が遅いので、名目ＧＤＰと消費者物価指数と雇用という、三本立てで見ていくというのがいいんじゃないかなと。つまり、速報性がある労働市場指標とか物価指標で議論を始めて、最終的には名目GDPを見て決めますみたいにやると、整合的なんじゃないかなと思います。

田中　それを考えていくと、日銀法も改正しておいた方がいいですよね。今の雇用関連の三つの指標を、法律に一々書くのもあれなんで、大ざっぱに「雇用の最大化」みたいにまとめて条文を入れるとか。

麻木　それは今、議論が出ているんですか。日銀法を改正して、ちゃんと雇用の最大化という目標をはっきりさせようと。

田中　一応、連合でも、雇用の最大化という論点があるということは、前の会長も認識していたし、現会長も認識しているみたいなんですよ。だから労働側からそういったことをもっと言ってもらうとかね、そういうルートが開拓されればいいと思うんですよ。

飯田　その一方で、そういうことを言う野党がいない。これは、本当だったら一番野党が言うべきことじゃないですか。

田中　野党はやはり反アベノミクスに振れちゃって、金融政策の成果をともかく見ないで金融政策全体を否定している。一番筋がいいのは、今のアベノミクスがやっていないところ、アベノミクスを超えるところをやればいいんですよね。一番わかりやすいのは、それこそ雇用に絞って日銀法を改正していくとかね。そういった発想は、例えば民主党であれば言ってもおかしくないんだけど。

麻木　民主党も、正社員とか言っておきながら金融政策に反対だし、雇用の最大化と言わないと、じゃあどうやってということですよね。

とはいえ、男性は失業に耐性がない

飯田　多くの人にとって、景気がいい、悪いという一番重要な判断材料は、雇用だと僕は思うんですよね。さらに言うと、給料よりもクビになるかならないかとか、仕事を探せばあるかないかとか、あと自分が転職するとしたらできるかできないかという、オン・オフスイッチ型の景況感の可能性の方が心理的に強いんじゃないでしょうか。これは行動経済学の話ですけれども、幸福度に一番影響するのは失業なんですよね。これは全く関係ない話ですけれども、女性は失業しても数年かけて幸福度は戻るんですけど、男は一回失業すると一生引きずるといわれます。

麻木　えっ、どうして。

飯田　ちなみに離婚の効果もそう。離婚の後の幸福度の変化を見ても、女性よりも男性の方が引きずる。

図４　失業率と自殺者数の推移

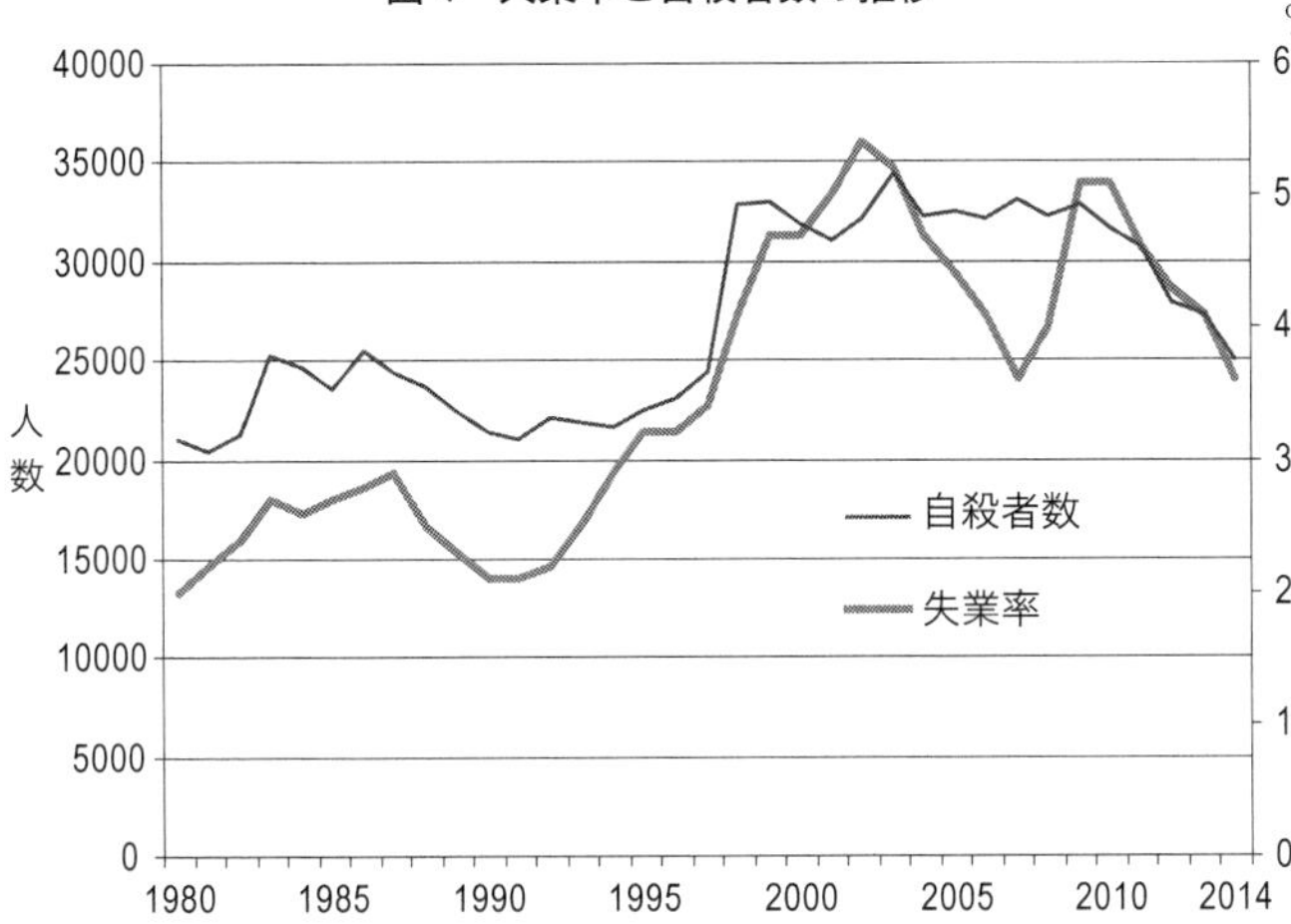

田中　やっぱりプライドとかね、仕事を奪われちゃうと、自分の社会的地位ががくんと相対的に下がるじゃないですか。それのショックに、男は耐えにくいんですよ。

麻木　仮に新しい職を次に得たとしても、一度傷ついたハートは……。

田中　もうだめ。

飯田　男の子は弱いんです。

麻木　ふーん……。

田中　だから、いわゆる大企業で、ほかの会社に移ると負け組みたいなの、昔よく言われたじゃないですか。あのマインドは、制度の面から男のそういった心理を後押ししてたわけですよ、要するに。だから「島耕作」は、ずっと同じ会社でしょう。絶対ほかに移ろうなんて話ないじゃないですか、彼の頭の中には。あれは、もう典型的な男のマインドなんですよ。一つの会社にいることで、相対的な地位が保たれているわけですよね。そこから外れちゃうと、もう「俺はだめだ」なんですよ。

飯田　面白いのは、これはイギリスの研究なんですよ。だからイギリス人もそうなんだと。だから実は文化的なものじゃなくて、生物学的に男の方が弱いんじゃないかとさえ感じてしまいますね（笑）。

田中　それはあるよね。失業率と自殺者数の推移にもそのことが含まれている（図4）。失業率が高まると自殺者数が増える、と。これは、かなり相関していて、このグラフをぱっと見ただけでも、何か関連してるなと。今は失業率が低下してるので自殺者数も減って、年間二万五〇〇〇人をちょっと上回るぐらいかな。かなり減ってはきてるんですけど、景気が悪いとか経済的要因で自殺した人たちの大半が高年齢、中高年の男性です。女性はごく少数。ほとんどいない。

麻木　心の傷にとても耐えられなくて、年齢的にももう一度裸一貫だというほどの余力がなくて、死を選んでいくということですか？

田中　例えば僕が大学をクビになって、コンビニでバイトしろと言われたら、めちゃめちゃショックでしょうね。

飯田　実はそれは、所得要因を全部コントロールしてもだめなんです。大学の先生をクビになって、同じランクか、それどころか上の所得を得ても、その影響は続く。否定されたということが、自己評価とかプライドを下げちゃう。

雇用が堅調な中で、アベノミクスの全否定は無理筋

飯田　失業率の低下に代表されるように、雇用情勢が堅調な中で、アベノミクスは何も効果を発揮していないというのは、無理筋な話でしょう。安保関連法案で安倍内閣の支持率が下がっていますが、それでもなお野党の支持が上がらない理由に、野党が政権を取ったらまたあの酷い経済状態に戻ってしまうのではないかという不安がある。

株がこれだけ上がってるじゃないかとか、失業率がこんなに下がってるじゃないかとか、あとは街角景気みたいなのを見ても、やっぱり二〇一二年よりはいいんですよね。いわゆる景気ウォッチャー調査とか、帝国データバンクが出している企業調査アンケートとかでも、消費税増税後がくんと下がるんですけど、その後少し落ち着いてきたので二〇一二年よりは上という状態です。

実体経済から遠いメディアの人も、またそれから遠い野党も、ちょっと無理くりな批判だったのではないか。批判するのだったら、例えば格差一点に絞っちゃった方がまだ意味があった。

図５　就職（内定）率の推移（大学）

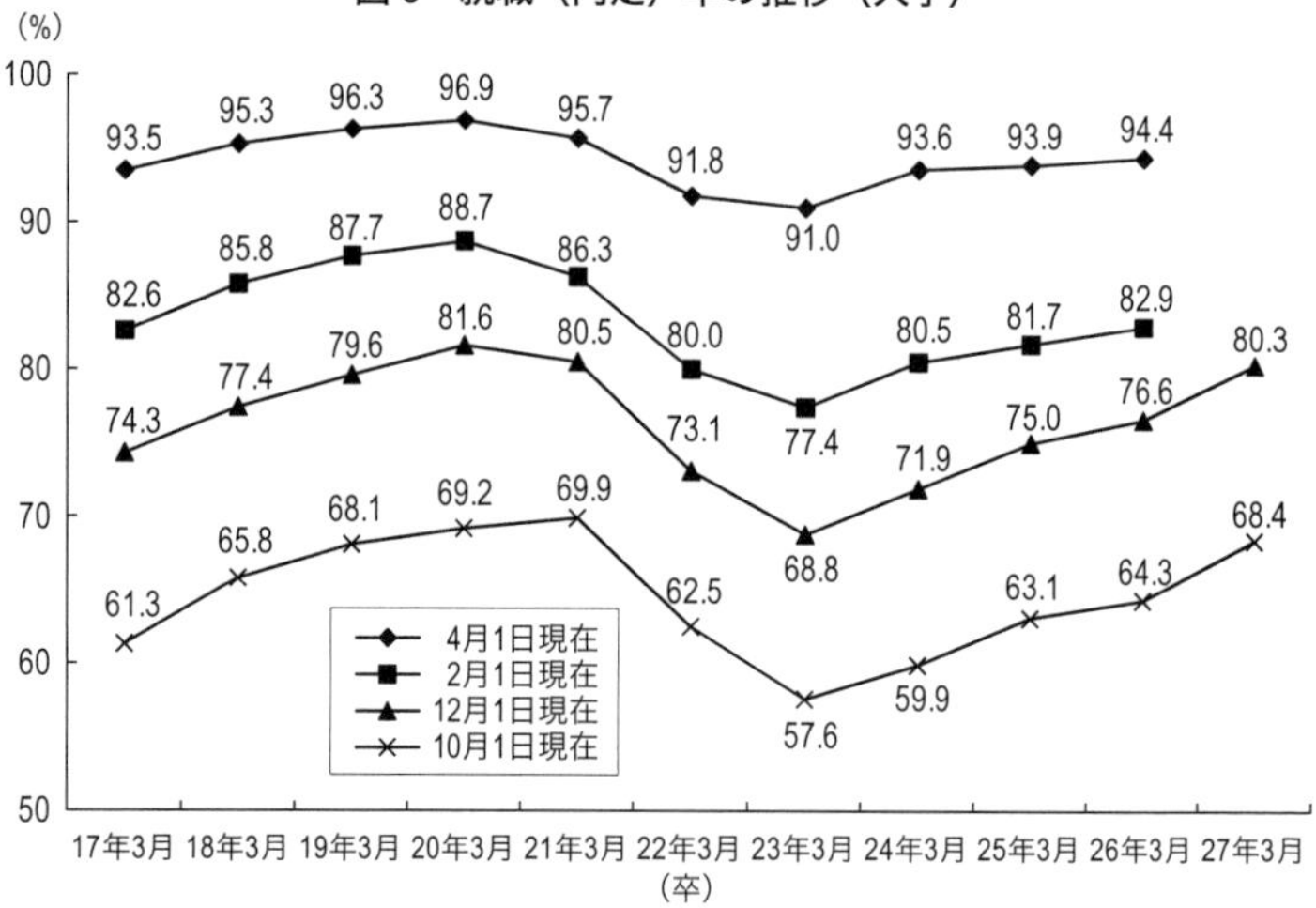

（出典）平成26年度「大学等卒業者の就職状況調査」（文部科学省・厚生労働省）

金融緩和は効いてません、何もいいことがないですと言っても、いや、実際株で儲かったとか、うちの店は売り上げが伸びてるとか、仕事を得たという人は、ポカンとしちゃうという。

田中　新聞の調査でもアベノミクスの一番の成果はどこかというと、企業の人たちの答えは圧倒的に金融緩和なんですよ。もうそれだけしか評価してない。

飯田　逆に言えば、そこを継承してくれるなら野党にもチャンスがある。

田中　だから、現場の人はよくわかっている。あと、街角感覚に近いんですけど、僕はやはり自分の学生たちの就職状況を参考にします。

麻木　どうですか、新卒の状況は。

田中　一応グラフで持ってきました（図5）。これは大学生の内定率と就職率の推移で平成二十七年三月卒の人たちがリーマンショック以前に完全に戻って好調だったことを示しています。僕の勤務先の大学でも二〇一三年の四月以前は前年比の求人件数はマイナスなんですよ。それが二〇一三年の七月以降からプラスに転じ始めています。前年度を一〇％近く上回る増加が二〇一三年から続き、去年の二〇一四年はすごい伸び率なんですよ。前年比三〇％近くとか。

飯田　そう、これが僕は実感としては一番わかりやすかったはずなのに、二〇一三年に大学を移っちゃったんで、いまいちぴんとこないんです。

田中　僕は就職委員をこの一六年間やってましたけど、もう二〇一四年の求人件数増加記録というのはすさまじい。

麻木　じゃあ、みんなばんばん決まっていく感じ？

田中　ところがね、それはやっぱり行動経済学の話になるかもしれないんだけど、選択肢がいっぱいあると、悩み始めるわけ。または、安心しちゃうわけ。いわゆる本当の構造的問題に直面するわけですよ。つまり、職がないと少ないパイにみんな飛びつくわけですよ、どんな人間でも。だから、意外と頑張っちゃうわけ。だけど選択肢がいっぱいあると、もうちょっとのんびりしちゃおうかと。そうすると、逆に就職が決まらないで乗り遅れる。そういう学生が増えてくるんですよ。

麻木　ただ、それは就活の過程ではそうだと思うんですけど、最終的にはリミットがあるわけだから、内定が出て入社する人数は決まってるわけなので、おさまるところにおさまるはずですね。

田中　当然このグラフでも示されていますが、内定率が非常に改善していますよね。

飯田　リーマン直前並みですね。

田中　この勢いで、高卒の就職率もすごくいいんですよ。

飯田　高卒はバブル期以来の水準です。地域別に見てもバブル期以来の数字が並びます。

田中　だから逆に、大学経営が圧迫される可能性があると。つまり今までは高卒段階で就職先がないから、みんな大学とか短大に行っていたわけ。それがごそっといなくなっちゃうから、好況によって大学進学率が低下する可能性もある。

麻木　その雇用の内容はどうなんでしょうか。例えば初任給だとか、雇用条件はどうなんだろう。

飯田　二〇〇七―二〇〇八年就職組は正直イージーモードの就活だったといってよいでしょう。当時は中堅大学にいたので、景気によって就職先の企業名が明確に違うのでわかりやすいんですよね。

田中　うちの大学は、中小企業からの求人が中心です。中小企業は、ぎりぎりの人員でやっているところも多いですよね。でも一方では高齢化の影響で定年退職が多く、再雇用しても人員調達の面で限界が出てきていた。現場から人材がごそっと抜けてしまっているので、ちょっと経営環境がよくなれば、どんどん人を採用したいんですよ。そういった圧力は、もういま広範囲にある。うちの就職カウンセラーの人とよく話すんだけど、やはりうちの大学だけじゃなくて群馬、埼玉の同レベルの大学は、中小企業からの求人が異様に高いと。

ブラック企業は改善されていく？

麻木 一応正社員で入るんだけど、三年後の離職率がべらぼうに高いみたいな企業というのは、どうですか。「これではナンチャッテ正社員じゃないか」というケースは？

田中 ブラック企業かどうかはおいておくと、離職率の高い企業では方針の転換が起きてます。たとえばユニクロ。会長の柳井（正）さんは、高い離職率が問題であると最近言い始めている。何で彼がそんなことを言ったかというと、やはり就職の実態を冷静に見ているわけですよ。新卒市場を中心に「人手不足」が加速化していくと、学生は有利な条件の企業でないと志望しなくなる。優秀な学生ややる気のある学生が逃げてしまう。だから、誰も来なくなっちゃうから、それじゃあまずいからコンプライアンスを見直して、三年離職率をともかく下げると。

そんなことを打ち出していますよね。これはやはり雇用不足といいますか、人手不足が浸透してきて、過酷な働き口であるような企業は、姿勢を変えないともう生きていけなくなってしまうと。給料を上げる、正社員比率を増やすと言い出す企業が増えてきてる。デフレのときは、そんなことは絶対言わなかったですよね。たとえば、ユニクロの柳井さんは、もし日本で安い人材が採れなかったら、海外に行くだけだと言ってましたけどね。

麻木 脅かしてましたもんね。

田中 今ではそんなことは言わなくて、ともかく日本の社員を増やす、正社員を増やすと言ってるんで。これは大きな様変わりですよね。

飯田 僕は昨年の大転換で柳井さんを経営者としてすごいなと思ったんです。臆面もなく数年前の自分の発言を全否定する発言や方針がサラッと出てくる。

田中 あれ、海外に行くんじゃなかったの、と(笑)。

飯田 そう。あの変わり身は経営者としてすごい。経営者なのに、論者のように自分の言ったことにコミットする人間はだめだと思うんですよ。経営者は、都合が悪くなったら一八〇度変わらなければ。

麻木 「君子豹変す」と。中高年の人の雇用については、どうですか。

飯田 そもそも、中高年、なかでも大卒中高年男性がリストラされるというのは非常にまれなことなんです。若年層に比べて遥かに少ない。そして、再就職、というより継続雇用については増えてきています。理由はすごく簡単で、いまは六十歳といってもそんなに年寄りじゃないですから。企業としては待遇の見直しをさせて、つまりは賃金をそれなりに下げさせてくれるなら是非働いて欲しい。

これは女性の雇用にもかかわってくるポイントです。現在、いわゆる壮年男子であることのメリットがある職種って、だんだん少なくなってきているんですよね。例えば、事務系の仕事で高齢者が「使えない」と言われてた時期が一時期ある。それは、全くＯＡ機器が使えないからなんですけど、これからの六十歳でＯＡ機器を全く使えないという人はいないと思いますよ。ＯＡ機器を使うといったって、別にプログラムを組める必要があるとか言ってるわけじゃないんで。そうすると、彼らをクビにする理由がないんですよね。さらに言うと、彼らの方が人脈も経験も豊富で、会社の社内事情とか空気感もわかっている。

麻木　阿吽でやってくれるじゃないかと。

田中　だから再雇用は多いですよね。例えば二〇一三年は中高年の再雇用が雇用増を牽引していたのは、やっぱりそういう要因が大きいと思うんですよね。

それでも取り残される世代は残ってしまうが……

麻木　就職氷河期のときに新卒で就職、正社員になれなくて非正規になってしまった人たちの、再チャレンジはどうでしょうか。

飯田　それは相当厳しいです。理由は、一〇年以上にわたって、あまり人的資本を積んでないので、彼らを雇うというのは、企業側としても二の足を踏むでしょう。

麻木　経験は二十代だけど、体力は四十代……。

飯田　体はおっさん、頭脳は若造……となると厳しいですね。実際、労働経済学者のなかには、もうそこは景気対策や雇用政策の問題ではないという指摘も出てきています。つまりこれはもう、バブルになっても無理ですと。

麻木　猫の手も借りたいぐらい経済が過熱しても、その人たちにはお鉢が回って来ないということですか。

飯田　バイトのシフトを入れやすくなるとかはあるでしょうから、マシにはなるでしょうが、体力の低下によってそもそも長時間働けなくなるでしょうしね。

麻木　ここは雇用政策の問題ではないと。

飯田　雇用政策ではなくて、社会保障の問題になると言わざるをえない面がある。彼らは、景気がよくなれば、確かにフリーターとか非正規として細々と食いつなげるけど、それも年齢とともに厳しくなっていく。すると、どうやって社会保障制度を拡充させていくかの問題になる。景気対策でなんとかしようという手法に関しては、もうこのグループについては時間切れかもしれません。

田中　特に、就職氷河期で冷や飯を食ってしまった世代の人たちの子どもが重要なんですよ。親の所得が不足していると、いわゆる「子どもの貧困」という形で再生産されてしまうから。今のレベルの高い高校とか、中学校とか、私立とかは、所得の高い人しかいない。レベルの高いところは公立でもそうです。塾とか家庭教師とかばんばん行ってお金を使っている家庭ばかりが、公立のトップ校にも進学してくる。もちろん貧困層はそういうことができない。そこで教育格差がついてしまう。簡単にいうと、やはり日本の就職状況は偏差値が大きくものをいっている。実際に、高い偏差値の人ほど、生涯所得の高い就職をしている。貧困層は低所得ゆえに教育に投資できず、そしてそれが就職時点で大きく効いてきて、子どもの生涯所得の格差という形で「子どもの貧困」の再生産が継続しかねない。

飯田　ただ、その論法でも、恐らくリーマン後の三年間の不況期の子は十分間に合う。二〇〇〇年代前半組もまだ三十前後ですからギリギリ……。

麻木　時間的に間に合うと。

飯田　実際に、第二新卒市場は活況を呈していますし、結構ブラック企業をやめてまああのところに転職できるという人も増えています。

消費税増税は、一番貧しい層を狙い撃ちにした

麻木　話が少し戻るんですけど、消費税が五％から八％に上がった具体的な影響がどれぐらい出たかという部分を聞きたいんですが。

飯田　所得五分位を並べて、一年間でその人の収入と消費が、それぞれどのぐらい変化したかを見ると、実は中間層はそこまで悪化していません。収入はむしろちょっと増えてて、消費はそこまで落ちてない階層もあります。

三％収入が増えて三％消費増税ならばとんとんなわけですね。ただ、下からから数えて二〇％の人、つまり所得五分位の一番貧しいところだけ、十数％減っているんです。消費税は逆進的で、まさに一番貧しい層に負担を集中させたわけです。一番貧しい層は消費性向が高いですから、一番景気の影響が大きい層です。そこをいじめているので、そもそもしょうがないわけですよ。どうやってそこに分配するかを考えるべきところから逆に取っているから、もうカラカ

ラなわけですよ。
僕は、「消費増税は最終的には必要だ」派ですが、今回は待って欲しかった。人間の行動はマシンじゃないので、調子が整うには時間がかかるんです。雇用がちょっと回復して、バイトの時給が一〇〇〇円から一二〇〇円に上がって、三年ぐらいすると、ようやくひと心地つくんですよね。この時間的猶予は結構重要です。アベノミクスが始まって一年半後ぐらい、つまり二〇一四年の頭ぐらいは、まあまあ消費も盛り上がってきていた。理由は、一年間楽させてもらうとちょっと気持ちに余裕ができたり、もっと具体的に言うと、絶対に払わなきゃならない、買わなきゃならないものとか、詰められている借金とかをちょっと返すことができるようになってきている。一年だとその程度なんですけど、これが例えば三年間くらいまともに暮らせると、消費行動もかなり変わってきます。これは自分の経験でもあるんですが、例えば安定収入を得始めて、最初の一、二年は目先で必要なものも多いし、返さなきゃならない金もあるしで大して楽になった感じがしません。
麻木　まあ調整に時間が必要ですからね。
飯田　そう、調整期間なんです。それが、三年ぐらい安定収入を得ると、ひと心地ついて使えるんですよね。
麻木　ローン組んで、車でも買うかみたいな気持ちになる。

飯田　本来ならばそれを狙うべきだった。しかし、そうなろうとしたところで三％の増税が来てしまった。心の準備、体の準備みたいなのが整わないうちに来ちゃったので、ダメージは大きいはずだと思うんですよね。
田中　うん、やっぱり一番所得が少ないところに直撃してると。
飯田　そうですね。
麻木　中間層は大丈夫なんでしょうか。
飯田　所得五分位でいうと、二分位だと影響がちょっと減って、収入も減って消費もあって、三分位、いわゆるど真ん中より上は消費を減らしてはいますが、それほどでもありません。
麻木　高所得ほど影響が小さいというのは、どういう勘定でそうなるの。
飯田　収入や資産が伸びているということが考えられます。その傍証として昨年後半のように株価が停滞すると消費がさえなくなります。

格差拡大と経済破綻は、絶対に避けたいシナリオ

麻木　要するに、前から言われていた格差があったんだけど、今回上げたことによって、その格差がさらに広がる、あるいは固定化するというのは、もう数字的には明らかになってい

る。

田中　そうですね。だからよく左派系とかリベラル系の雑誌の表紙に、アベノミクスが経済格差を拡大するとかあって、去年ぐらいは「何言ってんだろう」と思ってたんだけど、最近そういう表紙を見ると結構本当に思えてくる（苦笑）。それだけ財務省主導の消費税増税は恐ろしい。

麻木　そう、だから増税は格差を拡大する、固定化するというのは、そのとおりなの。だけど、今あらゆる厄災が金融緩和のせいにされつつある。で、このまま行って、次に消費税率を一〇％に上げて、経済が誰の目にも明らかなぐらい破綻すると、全てはリフレのせいということになってしまう。要するに冤罪をかけられているところがあって、これは本当に、反論するには最後のチャンスですよという気が私はしてるんですけど。

飯田　もうね、そうなったら日本は終わりだと思います。だって今、例えば自動車の自動運転技術とか、ロボティクスで日本が先進国だと思っているのは素人だけだとはよく言う話。実はすでに独米の後塵を拝している分野が多いそうです。理由は、「失われた二〇年」を経て、十何年にわたって十分な新技術投資をしてないからです。二〇年間金がなくて大胆な投資をしていない会社が先端ビジネスで戦えるわけないでしょう。でもまだ世界のトップグループ五、六カ国にいるのは、いかに一五年前の日本がすごかったかを物語るエピソードではあります。

しかしこれをあと一〇年やっちゃったらもういよいよ全部アウトになる。

特にこれから国際社会は、ビジネスでも金融でもそうだし、工学的な技術でも何でも、投資の蓄積がないと太刀打ちできない社会になっています。企業がリスクのある投資や長期的視野での技術開発や人材育成を行なえるように十分な余裕を与える必要がある。その余裕を与えずほったらかしておいたら、一〇年後は本当にだめなんじゃないですか。その意味でもひきつづき日本経済は非常に厳しい舵取りを求められていると言ってよいでしょう。

2 「30万人都市」に集中せよ！

――日本分断を回避する最後のチャンス――

「里山資本主義」は補助金行政の隠れ蓑だ

田中　日本の今後を考えるうえで、少し歴史を振り返ってみたいんですが。戦前の昭和恐慌期のデフレ脱却のときを見ると、よく高橋是清（一八五四―一九三六。昭和恐慌期は蔵相を務める）

が「戦前のリフレ派」と言われてるんだけど、どうも違うんじゃないかなと思うんですよ。彼は新しく政権についたときから、もうデフレ脱却から均衡財政に振れているところがあって、その点で高橋亀吉（一八九一―一九七七。民間で活躍したエコノミスト）とか石橋湛山（一八八四―一九七三。エコノミスト、政治家）から批判されているんですよ。

どういうことかというと、高橋是清は二段階のレジーム転換と言って、最初に金本位制を離脱し、それから大幅な金融緩和によってデフレ脱却しましたというシナリオだったんだけど、それ以降はずっと高橋是清は緊縮財政をにおわせ続ける。結局、それをやる前に暗殺されちゃうんだけど。

飯田　二・二六事件ですね。

田中　それについて、ずっと財政が慎重姿勢であるということで、湛山や高橋亀吉に批判を受けているわけです。高橋亀吉はもう一歩踏み込んで、別に高橋是清はリフレ政策をやりたかったわけじゃなくて、今の安倍政権にもしばしば感じることですが、周りから押されてたまたまやっただけだ、と。だから本当に高橋是清が自分で主体的にやっているんじゃないと、彼は言ってるんですよね。そういったことを見ると、何か似ている一面があるなと。

飯田　そこまで似ていますね。

麻木　高橋是清もそうだったと聞いて思うのは、この国はどうして「反成長」なのかなということです。飯田さんと春日太一さんの『エドノミクス――歴史と時代劇で今を知る』（扶桑社）を読んでも、さかのぼったら江戸時代まで行って、とにかくこの国は記憶にある限りずっとデフレ好きよねというのがわかる。どこかでバブルがあったり、高度経済成長があったりしても、必ずその後で、あれがいけなかったとものすごく反省して、そして過剰に引き締める。引き締めて、ぜいたくをせずこつこつと清貧に、みたいなのが、本当にしみついていますね。左派の人でもそうでしょう。

飯田　右派も左派もそうですね。

麻木　みんなで働いて、ばんばん稼いで、景気よくしようぜ、そしてバッとみんなに配ろうぜ、なんて言ったら不道徳みたいな感じですよね。その心性が払拭されない限り、政治家も最後は結局「ぜいたくは敵だ」と言った方が得なんですよ。

田中　いま民主党なんかだと、「里山資本主義」に傾斜している人も多い。

麻木　「里山資本主義」とかちょっとよくわかんないです。

田中　そういったマインドは、日本の思想の「岩盤」としてずっとある。

飯田　里山資本主義の話もしたいなと思っていたんです。どうもいつのまにかいままで通りの補助金行政になりかねないテーゼなので。とても多くの補助金を受けて、人が来ました、という話に意味はありません。それは金かけたら何とかなるだろうと思いますが、じゃあその補助金をどこが出すんですか、と。

田中　しかもその税金の元をたどってみれば、さきほど言ったように、一番所得の低い層からがっつり取っている。それでよく里山とか言ってられるなと。

飯田　非都市部の人が、自分たちが生み出しているもの以上の所得を得られるように、都市部の貧乏人は死ねと。

田中　まさにそのとおり。

麻木　黙って静かに死んでいく、と。

飯田　都市低所得者層の声は政治に本当に届きにくい状態です。若年層だと、地元から離れて住民票と違うところに住んでいたりするのでなおさらです。選挙権を行使するにも一万何千円かけて帰省しなきゃならなかったり、あとは忙しくて選挙なんか行ってられるかという境遇だったり。さらに言えば、都市部と郡部では「一票の格差」がある。そうやって何重にも、もう半人前というか、半分しか日本人として扱われていないような層をとにかくいじめて、一票の重みが高い地方郡部にどうやってお金をまくかという議論になってしまう。

田中　そうですね。里山を保護しても、それをレジャーとして消費できる人たちは豊かな人たちなんです。レジャーのコストが気にならない人たちに、そういったものを楽しめる一方で、本当の都市部の低所得者層は、レジャーの余裕もない。それを前提にした、里山資本主義とは一体何なのかと。本当に、経済のはげ山なんじゃないかと。

麻木　ですが、いわゆる意識の高い、どっちかといったらリベラル系の人たちがそういうのを好きですよね。それが不思議です。

田中　「意識高い系」ですね。

麻木　意識高い系の、地球の持続可能性を考えてるような。

飯田　地球以前に財政が持続可能じゃない。

麻木　持続的な経済成長と、適切に再配分して人権を守るといった戦後的な価値観とは、全く整合性があるテーマなのに、なぜかその両方をしっかり掲げる人がいない。

田中　仮に安倍政権がいま瓦解したとしてアベノミクス自体が中途半端になったとしても、いい面としては、日本銀行がとりあえずは独立して一応インフレ目標も立てている。最悪でも、やはり消費税増税を行なって、他方では金融緩和も積極的に行なったイギリス並みの、好調ではないけど悪くもないパッとしない展開にはなるかなと思っていますが。

飯田　金融緩和の達成目標を長期化することで、だらだらと緩和を続けるので、いわゆるデフレ大不況みたいにはならないで済む。そして、だらっと今ぐらいの景気ゆるやかな回復を保ち続けられれば御の字という状況です。これはもったいない。

土木建設が専門化・高度化した今、公共事業は雇用を生まない

田中　ただ、そのだらっとした中でも、所得が低い人は、自分の家計が一回がくんと落っこっちゃうと、なかなかリカバリーが難しいんですよ。そういった、こぼれちゃう人たちがだらっとした中で増えていくことを、僕は一番懸念しています。

飯田　『経済政策で人は死ぬか？』（スタックラー他著、草思社）という、昨年翻訳が出た本があって、リーマンショック以降に財政を引き締めた国では、死亡率とか自殺率が明確に上がっていると指摘しています。こう考えると、性急な財政引き締めは殺人政策とさえ言えるかもしれません。だとすれば、消費税増税に対する落ち込みへの対策は財政出動だというのが、僕はここまでは正しいと思ってる。

ただ、スティグリッツもクルーグマン（経済学者、プリンストン大学教授）もそうですけど、海外の財政政策論で日本を斬るのは極めて難しい。なぜならば海外において財政出動というと、社会保障の拡充や減税まで含んだ概念なんです。社会保障も、年金じゃなくて、貧困層への補助の拡充だって十分財政出動。ところが日本の場合は、財政出動イコール〝道路と橋〟なんですね。

田中　公共事業の増加ですね。

飯田　この公共事業ぐらい危ないものはない。作って終わりじゃ済まないですから。現存の社会資本だけで、今後、年間八兆円のメンテナンスコストがかかっていくといわれます。それをもっと増やすということは、もっとメンテナンスコストがかかっていくことになる。だったら、配って終わりの給付金の方がよい。

もう一つは、供給制約説。かつて、高度成長期の土木建設事業は単純労働だった。だから未熟練な半失業状態の人たちや、兼業農家層が、はいよと片付けられる程度の仕事だったんですね。だから戸山公園（東京都新宿区）などは、学生でさえ日雇いに行って土建業ができたんです。けれども今は高所作業とメンテナンスが中心で、さらに業界のコンプライアンス重視の姿勢も明確になり、労働環境の整備が進んだ。こうなってくると、ケガしそうな不慣れな人に来てもらっても困るわけです。そんな人を雇って死亡事故になって、会社が潰れたらもうやってられないですから。ちゃんとした経験者、職人以外お呼びでない。

業界内から人を引っ張ってくるだけとなると、公共事業が増えても、人足が民間事業から公共事業に移るだけで、新しい雇用は生まれない。民間では建設、公共事業は土木と、呼び方は異なりますが、末端の職人は、その間ではかなり可動性が高い。なので、給料の高い方、もしくは納期が緩い方に行ってしまう。そうすると、公共事業を増やせば、民間の土木建設を削って、そっちに行って来いということになってしまうので、雇用を生む効果は全然ないのに、まだやろうとしているというのが、いわゆる供給制約説です。

「低所得者の生活保障」と「子育て支援」が最優先の経済措置だ

飯田　ちなみに、通常は公共事業はクラウディング・イン（民間部門での有効需要の増大）をもたらす効果があるとされています。つまりインフラ整備されることで経済が活性化するという考えです。しかし現代の日本でそれが見られるのは、東京エリア、中京エリア、京阪エリア、福岡エリア、ちょっとおまけして中核市の周囲だけといってよいでしょう。

麻木　大都市ですね。

飯田　大都市だけです。もう札幌ですら郊外部は厳しいかもしれない。郊外の道路整備に効果があるのは七大都市だけで、中でも、ぶっちぎりで東京なんです。なのに、里山じゃないけれども、自民党は、税を上げたからには各地元にまきたいわけですよね。これは『経済白書』にもあったと思いますが、限界効率性が〇・三の地域とかありますよね。一億円かけても、三千万円分ぐらいのものしかできない。

ですので、三％の引き上げはすでに行なわれている現状で、仮に更なる二％引き上げを見送ったとしても、三％分の増税に対して必要な経済措置というのは、全国一律の土木建設への支出ではない。むしろ社会保障の拡充です。そして社会保障というのは年金ではなくて、低所得者への生活保障、あと子育て世代への生活学資保障だということを、声を大にして言わなければならない。

麻木　今はもうそれさえ、あからさまに削ろうとしていますね。例えば子育て応援も、母親は子どもが三歳になるまで家にいられれば解決、みたいな話じゃないですか。意味がわからない。子ども手当だって、なんだってあんなに一般的にも不人気だったのか。ほんとわかりません。

田中　お母さんだけしかいなくて子どもを抱えている家計が、働いた方が生活保護より収入が下がって、貧しくなってしまうという現実があります。そういった状況をまず改善しなきゃいけないのに、むしろ働いていなくても働いていても両方悪くなるようにしている。経済政策は将来のことも考えなきゃいけなくて、一番考えなきゃいけないのは子どもをどういうふうに育てるかですよね。ところが、そういう貧困層の人たちの子育てを悪化させて、さらにその悪循環を子どもの世代まで引き継いでいくと。本当に未来まで殺してしまうような政策ですよね。

安倍政権は貧困層が眼中にないのか？

麻木　その根本にある思想を問題にしないといけないんじゃないでしょうか。結局いまは、言ってみれば、貧しい人たちは負け組というか能力がないか、努力が足りない人たちなのであって、そういう自業自得の人たちが社会全体の足を引っ張る状況なのだから、まず彼らが反省して頑張るのが先だ、という思想が根本にある。だめなやつを国が面倒見る必要があるのかという思想が根本にあるところで、「働いた方が損をしているという状況がある」いうと、じゃあ生活保護の方を下げろという話になってしまうんですよ。本来は、働いている人の方が生活保護よりも収入が低いのだったら、賃金を上げろとか女性をもっと登用しろとか、働いている側の条件を上げなきゃいけないのに、そうならない。会社経営なら、不採算部門を売却したり、人員をリストラしたりするでしょう。しかし、国が国民をリストラすることは絶対に出来ません。何とかする以外にないんですよ。

田中　安倍さんは、そういうふうに思ってますかね。

麻木　思っていると思いますね。

飯田　僕はちょっと違う意見です。むしろ、経済弱者が目に入っていないんじゃないでしょうか。数字としては把握できてもリアルな存在として感じることができないというか。これは与野党問わず、少なからぬ政治家に共通して言えることだと思います。積極的な貧困層たたき、生活保護たたきまではしないけど、積極的な救貧対策もしないという人たちです。

麻木　関心がないということ?

飯田　関心がない。というか具体的なイメージを持ちようがないのではないかと。

麻木　すごいな。

田中　なるほど。

飯田　安倍首相の経済政策の重点の置き方を見てみても、弱者をいじめているかと言われると、僕は微妙だと思っているんです。弱者たたきをしようとは思っていないでしょう。ただ、消費増税に代表されるように、弱者の置かれている状況をどんどん悪い方向に向かわせている。恐らくは根本的な思想の中とか、政策を考えるときに、そういった貧困層が目に入らないのだと思います。だって自身はもちろん、自分周辺の出来事として貧困を経験したことがないんですから。これは安倍さんだけを責めるのは筋違いだと思っていて、ハローワークに視察に行って、年収七百万円以上の仕事がないと怒っていた菅首相（当時）もそうだし、もう政治家全体がいい家のいい子がやる仕事になっている。これを象徴的に表しているのが、高卒が国会議員になる道の狭さです。昔だと高卒で工場に入り、工場の組合代表から、社会党議員というルートがあったり、あとは夜学を出て議員の鞄持ちからはじめて秘書になって、そこから市議や県議になって国会議員に、ということがありましたが、そういう人は、もう保守にもきわめて少ない。その意味では、菅官房長官にはもう少し分配の話をしてほしいのですが……。

麻木　それを言い出すと、そもそも小選挙区制にしたから余計そうなっちゃったんだという話にもなりますね。そういう人たちは、中選挙区制だったから出てこられたわけで、小選挙区制になった段階で、その気があったとしても、どの道だめですよ。

飯田　そうですね。

『地方消滅』の功罪――人口分散は有効なのか？

麻木　そう言ってしまうと、もうずっとだめじゃないという話になって終わってしまうので、対処法をどうしたらいいか。

飯田　まず、財政出動は社会保障に向ける。仮に土木建設に使うのであれば、決め打ちをしろという話です。なのに、自民党の「ローカルアベノミクス」と言っている「地方創生」が全く逆方向を向いてしまっている。僕は、増田寛也さんの『地方消滅――東京一極集中が招く人口急減』（中公新書）、あの本の与えた影響というのは功と罪両方あると思っています。自治体消滅、これから自治体が減っていきますという指摘は、全く正しい現状分析なんです。けれども、「だから、自治体を維持するために、人口の分散を図らなければならない」という方に、地方創生の人は持っていきたがるんですよね。その論拠は、東京は出生率が低いということなんです。

麻木　田舎に行ったら子どもを産むと？

飯田　そう。その理屈自体も、恐らくは東京の場合、若いときに一時的に住んでいて、結婚と同時に近郊の埼玉、千葉、神奈川に散るので、都内では出生率は低いという影響が強いでしょう。

麻木　そうですね。だって四人家族でそこそこのスペースで暮らそうと思ったら、荒川だの多摩川だのを渡らざるを得ない。

飯田　そうそう、みんな多摩川を渡ってるんですよ。さらに、必要な人口分散は東京から地方郡部ではないんです。東京と地方郡部から中核市・政令市へという分散が必要なんだという点を見落としてはいけない。

田中　東京だけじゃなくて、各県ごとの都市に人口を集中させるような政策というのは、政治家にすごく不評ですよね。過去、民主党政権の時代に何人かの議員にそういったことを言ったんですけど、それはもう全然だめだ、支持されないと。やはり、人口を分散して、地域を、田舎を活性化する、本当に誰もいないようなところを活性化するイメージなんです。

「地方中核市」に資本と人口を集中せよ

麻木　でも本当は、その地域ごとの中核都市に資本を集中して、そこに人口も集中させるようにして、そのためのインフラ整備に金を使いますということであれば、財政出動の先が建設・土木であっても意味があるわけですよね。

田中　この二〇年間、それをしなきゃいけなかったんですよね。「失われた二〇年」の間にやるべきだったのはそういった政策なんです。

麻木　もちろん、中核都市に集中しろと言われても、自力で引っ越して来いと言われればみんな反対で、自分は今の場所を動きたくないから、ここまで道路を引いてこいと言うに決まっているわけです。でも例えば、安い住宅をどんどん建てて、引っ越し代も出します、と。ここに来れば、隣には介護施設があります、お向かいに学校があります、さあどうしますか、と言われたら、意外にみんな、そういうことなら考えてみようかという人もいると思うんです。でも今はそれがなくて、ただ単に自力で動け、でなければ見捨てる、と聞こえちゃうから反対されるんで。そういうお膳立てをすれば、思う存分公共事業もできて、みんなもライフステージの変化にしたがって生活圏も変えてみようか、それも有力な選択肢のひとつだ、と考える人も増えるんじゃないでしょうか。

飯田　住宅供給やインフラ整備を、各県各地域の一部に集中させる必要があるんですよ。各県の選挙区で言うと、一区だけに各県の全予算をぶち込むくらいの覚悟がないと。

麻木　まあ確かにそう言ってしまうと、二区、三区の人にしてみれば「ふざけんな」となるでしょうねえ。

飯田　でもしょうがないです。はっきり言って、もう一〇万人以下の都市は、そこで採れるモノで維持できる人数以上を養うことは出来ない。稼ぐ以上に使うという状況を永続させることは不可能なんです。

さきほどの『地方消滅』の話で言うと、増田さんや同じ研究グループの加藤久和さんは、むしろ都道府県の県庁所在地への集中をしなきゃいけないという話を書いているのに、自民党の議員さんの受け取り方は真逆に来ているんですよ。だから地方再生と言ったときの「地方」でイメージするのが、「地方中核市の再生」の人と「本当の田舎再生」の人がいるんです。

麻木　同床異夢ですね。

飯田　同床異夢か、もしくはもうわかっててやってるか。

麻木　ああ、方便ですね。

飯田　うそも方便というか、やっとばらまきを正当化する（本当はしていないのですが）理屈が出来たと言いますか……。

「地方創生」は都市部から地方への税の移動にすぎない

麻木　石破茂さん（地方創生担当大臣）がやっている「地方創生」、あれはどういう内容なんでしょうか。どんなビジョンなんですか。

飯田　あれはばらまきですね。少なくとも今のところそれ以上でも以下でもない。

麻木　ばらまくと言っても、ばらまき方もあるだろうと思いますが、どうなんでしょう。

飯田　あるとしたら、地方に雇用の場をつくると言っていますね。

麻木　どうやってつくると言ってるのですか。

飯田　工場誘致とか……。

麻木　「いつか来た道」みたいな……。

飯田　本当にばかげています。もうはっきり言って、人口三〇万を維持できないエリアというか、DID（人口集中地区）連続で三〇万を維持できなかったら、もう衰退するしかないんですよ。人口一〇万人ぐらいになっちゃうと、都市としての魅力をアピールすることは事実上不可能になります。だって街じゃないですもん。

そうなると、そのエリアはそこで採れるモノ（一次産業とその派生産業）、その場所そのものの魅力（観光業）という資源消費型の経済に頭を切り換えなければならない。都市は人口が増えると、そのこと自身が新たな魅力を生んでくれます。だから人口増加策が重要になる。しかし、非都市エリアは資源を何人で分けるのかという視点で考えなければいけない。一定の漁場で漁師さんが少ないならば、一人あたりの所得は高くなるでしょ？　それと同じで、資源分配型の経済ではむしろ人口は減った方がよいということがあり得るのです。

資源分配型の地域経済状況なのに無理矢理人口を維持しようと思ったら、それは外から金を取ってくるしかないわけです。要するに大都市部から税金を取って非都市エリアに使うしかない。そんなことを、ずっと続けられるわけがないんですよね。

田中　普通に合理的な人間を考えれば、自分の住む地域がどんどんへたっていって、衰退していき、周りに人がいなくなってきていろいろ不便を感じるようになったら、近場の都市部に移動しようと思いますよね。ところが、そういったことができにくいような仕組みが、いま現にあることがやはり問題だと思うんです。純然たる過疎化ど真ん中の地域にお金を配るような仕組みがあるからですよね。

飯田　そうです。じゃあどうやってその人たちは暮らしているかというと、公的セクターなんです。一番簡単なのは、公務員と準公務員にお金が落ちてくると、その人たち向けのサービスを提供する業者がいる、その人たちが暮らす生活圏がある。となると、全く産業がなくても、中央から交付金がおりている限り、一応それなりの人数は保てるんです。そういう状態で回っている地域は少なくない。

麻木　いま地方で一番裕福なのは、奥さんが農協か市役所で、旦那さんが学校の先生で、週末に農業やってますというようなパターンでしょうか。うまくすると、世帯収入二千万クラス？みたいな。

飯田　そう。そういう人たちと、そういう人たち向けのサービス供給業者しか存在しない経済圏、ここは何をしているのかわからないという経済圏は結構あるはずです。

田中　そしてそれは、都市部の貧しい人のお金を食っているだけ、と。それで地方の年収二千万クラスの人々の生活を維持しているという、まるで悪夢みたいな、ディストピア的な世界ですよね。本人たちは、そんな悪気はないわけですから。

飯田　もちろん悪気はないと思いますよ。自分は一番つましく暮らしてる、東京で働いて悪いことしているやつとは違う、という考え方です。これは他でもしゃべりましたけど、公務員の給料が相対的に高い地域ほど民間の生産性が低いんです。

麻木　ただ、そこも難しくて、現状では、公務員の給料を下げると、民間がさらに下がることになっちゃうので、やっぱり維持せざるを得ないという。根本を変えずに、上辺をいじると、余計ひどいことにということがあるでしょう。

飯田　そうです。だからこそ、自活できる経済圏にゆっくりと人が移って行くような仕組みを設定していく必要がある。

麻木　難しいかもしれないけど、考えてみる価値のある方法だという気がするんですけど。

中核市は人口が増えている――大阪を除く

麻木　例えば、現実性がどこまであるかはさておき、それぞれの地方をある程度のブロックに区切ったところに中核都市を成長させたら、東京で子育て中の家族が職を求めたり、子育てしやすいところを求めて移動するんじゃないでしょうか。限界集落の切り捨てになってしまうかもしれないけれども、でも一方で中核都市へと移動する人たちを引き付けることができれば、人口拡散とも言えるという。

田中　すばらしい政策です。

飯田　実は過去二〇年間で、中核市以上の中では、大阪エリア以外は全部人口が増えてます。東京も増えていますが。実は今、中核市はすごく元気なんです。

田中　例えば名古屋市もそうですね。手前みそで申しわけないけど、ＡＫＢ48の派生グループのＳＫＥ、あれは大阪じゃなくて名古屋に最初につくったじゃないですか。あれはどうしてかというと、若い人口が周りから流入してきていて、大阪に比べても一番厚みがあったんですよ。だからそれに目をつけたんじゃないかなと、僕は思うんですよね。

飯田　僕はかなりの道州制論者だったんですが、最近意見を変えました。将来的には必要だけど、今はその時期ではないんじゃないかと。例えば中国地方に「中国道」あるいは「中国州」ができて、州都は広島になったとします。その広島から、都市集中がこういうふうに決まりました、このエリアは下関市ＸＸ地区が集中エリアです、と山口県の人間が言われたら、中央政府に決められたよりもむかつく（笑）。

麻木　ああ、その気持ちはわかる気がする。そこがとても難しいし、デリケートな問題ですね。長い間に育んだ地域性というものを、まるっきり無視してしまうと、確かにうまく行かないでしょうね。

飯田　そういう話を、山口県出身の人としていて、「じゃあ、もし山口県庁が決めたら？」と言ったら、ゆるせないけどわからなくはないと。やっぱり県って、もう百年たってるので、郷土・地元意識としてしみついてるみたいなんですよ。

田中　僕は親の実家が下関市なんでよくわかりますよ。もし広島の方に意思決定を持っていかれたら、やっぱり市民感情としてはとんでもないなと思います。地域のアイデンティティを崩された気になってしまう。お金にかえられない部分がありますからね。

飯田　ですから、県単位で、ＤＩＤ連続で三〇万以上を目指して中核市整備をやるしかない。僕はこれを「救命艇状況」と言ってるんです。中核市になりようがないエリアを一生懸命守ったら、県丸ごと沈没です。だけれども中核市を「救命艇」として何とか維持すれば、実はまだまだ可能性があります。

「移住補助金」を創設せよ

麻木　人間、歳をとると変化を嫌がるから、移動するのは嫌というのもありますけど、やはり「自力で勝手に来い」だからだめなんです。できるだけのサービスをしたいけれどもこれが限界だから、ここまで来てくれないか、それについてはこれだけの補助を出すから、と言われたら、どうでしょうか。意外に、「考えてみようか」と思う人もいるんじゃないでしょうか。やっぱり、快適に、安心して介護や医療を受けたいと思う方もいるでしょう。そうした生活環境の変化について、歳をとっていよいよ動けなくなってから、ご本人の意思に反するような形で「動かす」のではなく、若いうちから先々の「動く」選択肢として生活設計に含めていけるように、示していく。そういう風には出来ないものでしょうか。

飯田　経済学者のエンリコ・モレッティも『年収は「住むところ」で決まる』（プレジデント社）の中で、移住補助金を出せと言っていますね。

麻木　なるほど。移住補助金は、面白いですね。離れて暮らしている家族にとっても「そうしてくれたら安心だよ」と。中核都市までだったら交通整備もあるわけだから帰りやすいよ、と言ったときに、真面目に話し合うと思うんです、どうしようかと。

飯田　それを県ごとに、ですね。

麻木　県ごとなら、ある程度、地域のアイデンティティも失わないで済むかなあという気がするんですが。どうなんでしょうか。

飯田　何県かで連合することも考えられますね。例えば、岩手県の最南部にとって最寄りの中核都市は石巻なんですよ。経済圏としては、岩手県よりも宮城県北部のエリアに属していることもある。そのように県同士で、例えば何地区は青森県に譲って、何とか圏はそのかわりに岩手県側に、とかやり始めると、道州制への機運が高まると思いますよ。だったら、最終的に州にしたらいいんじゃないか、と。このように、将来みんなの納得感が出てきたときに道州制という道筋がいいと思います。

麻木　移住先に関しては、県をまたいでも同じ補助金を出すと。

飯田　県をまたぐときは、例えば岩手県だったら県境から二〇キロ以内で、宮城県からも県境プラス二〇キロ以内とか。

麻木　私の友達で青森県の三沢出身の人がいるんですけど、津軽じゃないといつも言ってる。南部藩なんだよねえと言ってる（笑）。

飯田　そう。そうすると、その地域は盛岡に行きたいと言うかもしれないんですよね。

「人口30万人」が都市の生き残りのボーダーになる

飯田　そこら辺は細かい話ですけれども、何とか人口三〇万人を保たないとやばい。エリアというか三〇分程度で往来できる円の中で人口三〇万を保つことができると、一通りのインフラが整備できる。例えば、人口三〇万人ならば、ひと学年で二〇〇〇人強にはなる。すると、ひと学年二〇〇人として十校の高校が存続できる。こうなれば、偏差値の上から下まで、あと工業か農業か商業かという、多様な選択肢が地域に存続できるわけですね。上位の二つの高校は、基本的には大学に行く。地域に国公立総合大、公立単科大、私大が存続できる。こうなると、全然人の回り方が違ってくる。大病院ももちろんある……みたいな。

麻木　地元で最終的な高等教育まで受けることができて、地元で就職することもできる、というルートはしっかり確保するということですよね。

飯田　そうです。そうすると大卒者が必要なビジネスも地域に残存できるということになるわけです。さらに三〇万人いると、FM局が食える。そうすると、地元ミュージシャンという職業が存在し得る。

麻木　地元ミュージシャン？

飯田　車移動が主流の地域ですと、FMのパーソナリティの人気と影響力はかなり高いですよ。やっぱり三〇万人プラス周辺地域で四〇万—五〇万人ぐらいいると、「地元文化人」「地元タレント」が生きていける。ちょっと毛色の変わった——リチャード・フロリダの言うクリエイティブ・クラスの存在は都市の生産性にとってもプラスに働くといわれます。

麻木　そういうところを、順々に回って講演をする？（笑）

飯田　そうそう。そうすると、僕も都市を順にまわっていけば稼げるかも（笑）。

田中　アイドルなんかも、やっぱり三〇万人だときついんだけど、もう五〇万人以上の都市だったら明らかにいるわけですよ。各地にぼろぼろと。

飯田　あと、地方ローカル番組のスタータレントとか。

田中　そう。だから福岡なんか、かなりいっぱいいて、驚くぐらい。ライブハウスも充実してるし。あそこは、補助金は落ちてないいんじゃないかな。

麻木　だからそういうことを進めていけば……でもそういう政策は現状ではなかなか人気が出ないということでしょうかねえ。

「一票の格差」問題はシルバーデモクラシーに拍車をかけている

飯田　あと、やはりここで「一票の格差」問題になってくるんだと思います。一票が本当に平等だったら、もはや都市部に住んでいる人が多いので競り勝てるはずなのに、地方の一票の方が重い。特に非一区、一区以外の選挙区の一票が重いので。

麻木　そうか、一区も他の区には負けているわけか。

田中　恐らく、過疎化が進んでいる田舎にいる高齢者が政治的な力を失うまで今のフレームが続くような気がするんだよね。

飯田　僕もそう思います。

田中　やっぱり田舎の高齢者たちがまめに選挙に行って、自分たちにお金をくれる、つまりこの田舎ライフを維持できる政治家に入れ続けると、今の選挙区もずっと維持されるし、田舎を偏重するような政策もずっと生き続ける。だから、その老人層の発言力が低下する、つまり政治的に死滅するまで、このフレームは多分続いちゃうんじゃないかなと思いますね。

右も左も「昔はよかった」の経済成長否定論

飯田　日本のメディアがすごいなと思うのは、前半の話を蒸し返すと、円安で物価が上がりましたというときに、三・三％の上昇のうち二・一％は消費税増税の影響なのに、全部円安のせいですかと。

田中　そして、一方では実質賃金が下がりっぱなしだからアベノミクスはまずいと言っているんだけど、統計を見てみると、実質賃金は消費税がなければプラスでずっと行ったわけですし、さらに最近では実質賃金がプラスに転じる勢いです。

麻木　もちろん、安倍総理がメディアの偉い人たちと御飯を食べて、そういう席にほいほい行くのもいかがなものかというのはあります。それはそれとして、さっきの話に戻れば、やはりメディアが、ひいては国民が、それこそ高橋是清の時代からずっと、基本的にデフレが好きでしょう。反経済成長とは言わないけれど、要するに、金のことは基本汚いことなんだけどやむなくやることで、経済成長もやむなくするべきことで、本当は清貧に暮らすのが日本人として正しいみたいな、もう岩盤のような考え方がある。

田中　それで『朝日新聞』なんかはブータンを持ち上げたりしているんだけど、飯田さんの本にも書いてあったように、ちゃんと調整すると、ブータンの人たちは日本人よりもちょっと不幸なくらいです。

飯田　南アジア平均と同じか、それよりもむしろ低い。

田中　僕の大学にネパールの留学生がいて、日本人はブータンのことをすごく理想の国みたいに言ってるんだと言うと、みんな驚きますよ。何言ってるの、という。隣の国だから難民とかを見ているし、情報は彼らの方がもう生で見ていますからね。

飯田　着の身着のまま、ぼろぼろの難民がネパールに逃げてきているから。

麻木　ネパール系の人を一割ぐらい追い出したりとかしてるんでしょう。

田中　だからそういった意味で、日本の方が圧倒的に幸福な生活を送っているというのは、彼らからすればもう当たり前なんですけど。

麻木　要するにちゃんとした金融政策があって、再配分があって、そして戦後の体制を保守しますという軸ができてほしいと思うわけですが、何でこの国の人たちは右から左まで、とにかく戦後の経済成長の歩みを軽視したいのか。「昔はよかった」論が何でこんなにいつまでも力があるのかというのがすごく不思議です。

田中　「昔はよかった」論って？

麻木　要するに昔の日本人は貧しくとも心が豊かだった、と。つまり現在は、金はもうかったが心は貧しくなったみたいな。

飯田　まさにそこがポイントで、「昔はよかった」の味つけの仕方によって、右翼か左翼かに分かれてるだけということですよね。

麻木　そうなんですよ。そうすると、どっちに転んでも経済成長には意味が与えられない。経済成長が我々の心をむしばんだというところに、必ず行くんですよ。

飯田　一九三二―三三年あたりを理想とするか、一九五六年を理想とするか――ちなみにGNP水準は同じです――の差で、右翼か左翼か分かれているだけ。

麻木　どっちみち、昔はよかった、と。

田中　一九三二年を基準にしたらどっちなんですか。

飯田　それが右翼です。一九三二年は、ちゃんと大日本帝国があって……。

麻木　日本人はみんなキリッとしてて……。

飯田　アジア諸邦に大日本帝国の御威光をもって文明の光を当ててやり……。

軍事費を経済的観点から見ること――ネット保守の盲点

田中　今のネット保守とかいわれる人たちは、天皇というシステムに対するシンパシーを核にして形成されているようには思えません。もちろん天皇への尊敬の念はあるだろうけど。

飯田　なるほど。

田中　何だろう、彼らを支えているのは、むしろ嫌韓、嫌中とかですね。対抗的なナショナリズムが、やはり大きい核としてあるんじゃないですか。

麻木　でもそれは結局、かつての日本ならば、もっと中国や韓国に対して威光を示せていた、自分たちの方が優秀であることを、おのずから示せていた、と思い込んでいるわけでしょう。

田中　ところが意外と、女性層が多いせいなのかわからないけど、今のネット保守の思想からは軍備拡張という話は聞かないんですよ。保守系のネット番組に出たときに、逆に僕たちの方が、防衛費を見直して、多少増やした方がいいんじゃないかと言いました。その方が、短期的には景気効果もある、と。でも実は、そんなふうに経済的な観点を踏まえて防衛費の拡大を主張したのは、その番組では僕らが初めてだった。つまりいわゆる今のネット保守層とか旧来型の保守層の中には、軍備拡張という選択肢はあっても副次的なものですよ。そこが、かなり興味深い。

麻木　じゃあ、対中、対韓で具体的には何をしようと？

田中　それは、生活保護バッシングで憎悪感情を解消しようとしているのと似ている。

麻木　要するに文句が言えればいいの？　意味がわからない……。

田中　生活保護バッシングの中で明らかになったのは、彼らは映画でいうと『マトリックス』史観みたいなのがあって、おまえに本当の世界を見せてやろう、覚醒せよ、みたいな話になってる。そして目覚めた後にみた〝本当の〟世界は、韓国や中国に牛耳られていると。それで在日外国人が、例えば生活保護を通して日本の予算を奪っているとか、在日特権のようなものがあって、日本を悪くしていると。ここらへんの議論は保守系の評論家の古谷経衡さんが詳しいですが。

「国土強靭化」——その後のコストは誰が負うのか？

麻木　彼らの経済についての考え方はどこに位置してるんですか。彼らの納得する経済状況はどういうものなんですか。

田中　彼らがアベノミクスの中で一番期待しているのは、やっぱり「国土強靭化」みたいなところでしょう。

飯田　名前からして格好いい、と。

麻木　それ、単にネーミングがいいというんじゃないんですか？

田中　でも、国土強靭化に対する期待はすごく大きいですよ。日本銀行の政策を支持している人たちは保守層の中にもいるけど、それは少数派で、やはり財政政策で国をちゃんとすることに期待している人が多い。

麻木　でもね、国土強靭化というネーミングで、やることは結局、箱物をつくるということなのだったら、「強靭化」って、単なる言い方の問題じゃないの、それって。

田中　だから、そういう保守系のネット番組みたいな場所で、先ほど飯田さんが言ったように、公共事業は供給制約に直面しちゃって、むしろ国栄えて民間経済ぼろぼろみたいなこともありますよ、とか言うと、猛烈な反対、反論をくらう。

飯田　何か違う、みたいな。

田中　そう、違うと。

飯田　あともう一つ、国土強靭化した後メンテナンスコストを誰が払ってくれるんですかという問題がある。

麻木　ますます、ただのネーミングに聞こえますねえ。

飯田　かつての公共事業支持層であれば、土建業者さんとか関連業種だからこの辺の状況は理解していたと思います。むしろ、わかっているから賛成なのかもしれない。メンテナンスが必要になるので、さらに仕事が増える——とそろばんをはじける。道路も建物も、なくなるまで永遠に金を突っ込まざるを得ないんで。でも、今の保守層って、たぶんそういうそろばん勘定とは全然違いますよね。

麻木　だからもう、全部イメージ。強靭化とつけたのがうまかったという。

「もはや戦後ではない」は「もう成長できない」の意味だった

麻木　リベラル層の経済感覚、こちらはどうなんでしょう。

田中　やっぱり、基本的にゼロサムの考え方ですよね。片方に誰か得した人がいれば、片方に損した人がいると。そういった状況の中で、なるべくパイを弱者に配分しようというところだけは何となくわかるんだけども、そもそもパイの大きさがずっと同じまま続くというのが固定観念で入ってしまっていて、それを膨らませるような政策は、バブルだとか、一部の金持ちを優遇するとか言って、全て否定してしまう。その標的の代表として、金融政策が毎回上がってくるという状況です。

麻木　でも欧米では普通、リフレ政策は左派の政策だそうですね。だって、配るためには配るものを増やさなきゃならないという話なわけなんだけど、なぜ日本の場合は、配るには原資が必要だ、そしてそれは経済成長でしか得られない、という当たり前のことが、理解されないんですか。

田中　そういった認識が大衆レベルまで浸透していますね。昭和恐慌の前後でも似た状況がありました。例えば当時の大衆雑誌の『中央公論』とか『改造』とか、あれをどのぐらいの人たちが読んだかわかりませんが、社説のレベルで既に清算主義的な、ともかく不景気を究極まで追い求めて、経済の膿みを出すという発想が一般化してきていた。これの背景には、やはりマルクス主義の影響があると思うんですよ。つまり、究極の清算主義ですよね。既存の制度自体を清算するみたいなね。それが大衆レベルにだんだん浸透していって、戦後それがかなり一般化してくる。で、里山主義だとかユートピア的なものも、全てマルクス主義の残滓みたいなものと連動しているような感じがしますよね。

麻木　だから左派の人たちには、経済成長は悪なんだ。

田中　だって、第一回の『経済白書』（一九四七年）は、下村治という成長論者と、都留重人というマルクス的な発想を持った近経というわけのわからない人とがお役所の中で論争をやって、都留の方が当時は天皇みたいな権力をもっていた上司だったので、下村の発言をほぼ削って、つつましい経済が望ましいみたいな話を『経済白書』の中で唱えていくわけです。よく一九五六年の『経済白書』の「もはや戦後ではない」という言葉を、これから高度成長に移りますという意味に読みかえてしまうんだけど、あれは全然違う。都留的な思想が残っていて、むしろこれからは成長できないという意味なんです。成長できない中で、どういうふうに私たちは分配を考えるか、というものだった。

麻木 そうなんですか!

田中 つまり「もはや戦後ではない」というスローガンは、もう戦後直後のような成長は期待できませんという話だから。でも、現実にはそこから高度成長が始まっちゃったので、教科書的には「もはや戦後ではない」と読むと、確かにこのときからは大きく成長していったなということになるんだけど、『経済白書』では成長主義を殺した発想が続いているから、あれは成長の可能性がないという話なんです。

麻木 でも、それが明らかに現実とは違ったということを目の当たりにして、なおかつそこで成長した果実でもっていまだに日本はやってきているわけなのに。また成長なんかあきらめろ、なんて言っている。

変化を嫌う人が、経済成長を否定する

飯田 一つ言えるのは、経済成長が起きるときは序列の変化が必ず起こるということです。経済成長というのは、例えば、高度成長期であれば地方から都市部に出てくるとか、場所の移動や、人と人との結びつき方の移動を伴います。ということは序列移動が起きるので、現状の

勝ち組にとって経済成長は敵となりがちでしょう。

麻木　そのときの左派は勝ち組という位置づけですか？

田中　左派知識人の多くは、やはり大学の先生だとか論壇のリーダーが多いわけですよ。

飯田　当時知識人になれたんですから、基本的にはいい家の子でしょうね。ただ、一九五〇年代、芦田内閣ぐらいまでは、左翼の方がむしろ経済成長が必要であると言うんですよ。経済成長のためには計画経済の方がよい……という考え方から、共産主義を擁護した人もいたわけです。

田中　なるほど。

飯田　しかし、万年野党になっていくにつれ成長批判中心にシフトしていく。

田中　でも社民党的な流れ、今で言うと金子洋一さん（民主党、参議院議員）のような成長主義的な発想をする流れはあるんだけど、メインストリーム的には、成長主義じゃない方が論壇の中心になっちゃうんじゃないですか。

麻木　昨年末の総選挙では、社民党だけが消費税を五％にもどすとマニフェストに入れた一方、金融政策はとくに否定しなかったので、少しは目があるかなと思ったんですが。

飯田　序列を崩すなということを考えると、やっぱりまた江戸時代起源論みたいな話になってきます。序列を崩すようなことはよくないって、日本的に再解釈された朱子学の発想じゃないですか。

麻木　春日太一さんとの共著『エドノミクス』、読みましたよ。

田中　高度成長当時は、ともかく都市部で真っ先にトリクルダウンが起こるから、消費が伸びていくわけです。そうすると、田舎の人から見れば、都市に移った方がいいなと思うんですよ。でも、そうしちゃうとだめだ、と。だから、あまり経済を活性化してはいけない、できるだけ都市部の経済は冷え込ますのがいいと。

麻木　つまり、それまでの序列が変わる、変化が嫌だ。だけど下の序列に甘んじている人からすれば、それはチャンスであると。それを、上の人が嫌がるのはわかりますね。

飯田　それで言うと、田舎を出て都市に行くには、それを上手に説得するための論理が求められていたんですよね。例えばうちはおふくろが昭和三十六年に、北陸の小都市から出てきたんですけど、東京に行くことをかなり本気で止められたそうです。もう、デマもいいとこの話で。東京がどんなに大変なところか、と。夜なんか外に出られないよ、女のひとり暮らしなんかしたらいつか襲われるみたいな話とか。

田中　そんなばかな（笑）。

飯田　あと、東京の仕事がいかにきついか、物価が高いかからはじまって……そしていざ行くと決まったら、不良になってろくなことにならないに決まってるみたいな話をされる。

麻木　一九六〇年代に。

飯田　そうですね。母は父（僕の祖父）が戦死なので親戚にやっかいになっていたんですが、おじさん、おばさんたちは悪気なく、親身に考えて反対していたのだと思いますよ。でもその心の奥にあったのは変化することへの忌避感だったんじゃないでしょうか。

麻木　でも、それでもなおやっぱり変化が起きるときがあって、そのたびごとに、階級・階層に風穴が開く体験をしているわけじゃないですか。高度経済成長期やバブルのときだって、功罪あるとはいっても、そこで恩恵を受けた人だって現にいるわけで。でも自分の番が終わったら、もういいやというのもねえ。

田中　高度成長のときに二十代とか三十代の人たち、いわゆるどんでん返しを経験した人たちは、一九六五年に三十歳だったら今八十歳、二十代だったとしても七十代だから、人生の後半ですよ。ほとんどもう元気がなくて、守りに入っちゃって、社会に何か発信しようというマインドじゃないんじゃないですかね。

デフレマインドを変えるには若い世代から

麻木　でも、生まれてこのかた好景気を経験したことない人が二十歳になっているわけで。

おとなは彼らにチャンスを与えなくていいのかと。

田中　それはちょっと違うと思いますね。『小悪魔Agehа』という雑誌があります。あれが数年前に、表紙に「生まれたときからこんなもんだから、これでいいじゃん」みたいに謳った特集を組んだことがあるんですよ。つまりずっと社会はこんなもんだから、このままでいいじゃんって。それに対して、山本一郎というブロガーがいますが、彼がまさにそうだと主張して、僕との間でツイッター上で論争になった。それは山本さんたちが自分の身のまわり何メートルかで考えてしまっているんじゃないかと、僕は批判的に思いました。でも経済停滞がもう二〇年続いてきちゃっていると、やはりあえて言えば「デフレ世代」の「もう成長しないのが当然、それがいったい問題なのか」という気分は抜け出すことが困難かもしれない。

麻木　でもそういうマインドだと、経済成長も成長戦略もなにもないですね。

田中　でも、景気の好転の中で価値観を形成していく、さらに新しい世代の人たちは、意外とすんなりと変わっちゃうと思いますよ。自分が変わったという意識もなくその環境に適応するんじゃないか。今の十代とか二十代前半とか、またはもっと幼い世代が、これから変化するのは当たり前だとすんなり思っちゃう。もう何の軋轢もなく「成長を当然」とみなす世代が出ることは、社会としては望ましいと思うんです。

飯田　あとは、人の考えなんてすぐ変わるもんだと思いますよ。実際、二〇一三年にはメディアの論調も消費をあおるものが増えていた。さらにバブル的というか、恋愛や不倫の話題が多くなったり。まあ、これは違うかもしれないけど。

田中　いや、でもそれ、重要だと思うよ。そういう不倫ドラマが、NHKでも民放でも最近やたら多い。この現象って皮相ではなくて、時代の雰囲気を考えるうえで結構重要かなと思っている。例えばバブル期も「金妻」（「金曜日の妻たちへ」一九八三年、TBS系）が流行ったりしましたけど、そもそも不倫って、結構お金が必要じゃないですか。恋愛するためには、特に歳をとればとるほど、身なりをきちんとしなきゃいけないし、加齢による肉体的な欠陥をフォローするだけのものを身につけなきゃいけないんで、そうするとお金がかかる。やっぱりその種の中高年の不倫ドラマが妙に多いのも、お金が回ってきた時代の反映かなと、少し思いますね。

嫌韓・嫌中は知的ファッションの現代版なのか？

麻木　私と田中さんは同い年だけど、若いころは、もちろん身なりとか車とか、どこのレストラン行くかとかそういうことで見栄を張った部分があったけど、やっぱり脇に『朝日ジャーナル』を挟むとか、岩波新書を買うとか、そういう見栄の張り方もあったわけじゃないですか。

田中　あと『marie claire』見ると、なぜかニューアカデミズムのにおいがするとか。

麻木　とにかく知的に見栄を張る、どんなにいい服を着ても、知的に見栄を張らないとバランスが悪い、というのもあって。意味がわかってもわからなくても、そういう見栄を張る余裕がないと、結局のところ隣の国をくさせばいい、みたいなことになるんじゃないでしょうか。

田中　いや、嫌韓・嫌中の人たちの知的レベルは結構高くて、ただ単に「嫌い」という感情に身をまかせてるとはいえない。けっこうすごい量の本を買ってる。

麻木　でもそれって恥韓、倒韓、嫌韓何とかのタイトルでしょう。田中さんが勧める本は読まないって、いつも怒ってるじゃないですか（笑）。

飯田　そこに論理が含まれているとだめなんですよね。見出しだとか印象が優先している。

麻木　それは読んでいるとは言えないと思う。

飯田　でも、まさにファッションじゃないですけれども、文字は読むことには間違いない。

田中　そう。本であれネットであれ、どんなかたちでも大量に文字情報を読んでいる人たちの中に、保守層の中核を担っている人たちがいるってことは、もう間違いないんですよね。だから、知的な層が間違いなくいる。言い換えれば、かつてのニューアカブームが、いま嫌韓ブームになっているとみてもいい。だから、貧しくて社会的に不満がある人たちがそれを読んで、何か社会の転覆を考えているとかじゃない。ルサンチマンをもっている人たちもいるにはいるけど、むしろ少数派で、ある程度の所得も社会的地位もあるエスタブリッシュメント層が、嫌韓などを知的な財として消費している。

麻木　嫌韓本が知的だと思って読んでいるわけ？

田中　例えば保守層に人気のある論者たちの容姿をみてみると、雰囲気が洗練されているんですよ。着ているものだとか、ヘアスタイルとか、全部計算している。これは左翼系の論者には見られない現象で、身なりから発言を判断するような人たちが視聴者であったり読者であることを十分計算している。

麻木　知的で洗練された見かけと、言ってることとのバランスがよくわからないんですが。

田中　古谷経衡さんはこの傾向を「ヘッドラインしか読んでない」と形容してますね。中身を読むという認識自体がない、一種の認知バイアスに陥っている。動画も見るけど、話者の見かけだけで判断する。あと、見かけやアジテーションのわかりやすさに傾くと同時に、多くは属人主義的でもあります。「あの人が言ってるからいい、あの人が言ってるからダメ」という感じ。属人主義的なので、意見の相違の中身はあまり重要ではない。この種の傾向はひょっとしたらリベラルや左派的な発言が好きな人たちにも言えるかもしれませんが。

極右が安倍政権を支えているという虚像

田中　今まで、安倍政権を支えているのは、いわゆるネトウヨ（ネット右翼）だとか極右的な人たちと言われていたんだけど、その層って日本にそんなにいないんじゃないかということが昨年の総選挙でわかった。多分、せいぜいいても二百万ぐらいで、いわゆる社民党の支持層と同じぐらいなんです。つまり、安倍政権としては極右的な層に秋波を送っても何もないということが、何となくわかったんじゃないかなと。

飯田　いわゆるホテリング・モデルという経済地理学の基本モデルがあります。例えばビーチに客がたくさんいて、みんな自分に一番近いアイスクリーム屋さんからアイスキャンディを買うというときに、どこにキャンディ屋さんを開くか、といった問題です。競合する相手との関係での位置取りの問題ですね。

例えば、自民党以上の右派政党があると、ある程度右にも寄っておかないと極右の客を取られちゃうかもという心配をする必要がある。ところが、自民党以上の保守政党がないし、そもそも極右の人たちの人数はきわめて少なく、たいしたパワーもないということがわかった。ネットのすごく怖いところだと思いますが、アクティブなメンバーが多いと、その勢力は意外と多いんじゃないかという錯覚を覚えてしまう。しかし、実際は全然大したことがないノイジー・マイノリティに過ぎなかったわけです。だから、これからはぜひ、この層を全く気にかけない政治をしてほしいんですよね。

田中　やはりウルトラ右翼みたいなものの存在を過大評価してはだめで、ましてや政策がそれに引きずられるのは絶対得策じゃないと思います。

極右的候補者は「かませ犬」だった？

麻木　ただ、いわゆるウルトラ右翼な感じの、秋葉原で小旗振っているような人たちが、票田として当てにならないのは割と前から本当はわかっていたんじゃないでしょうか。例えば、麻生さんのときからもうわかっていたし。だから昨年の選挙でも、次世代の党があんなに負けちゃうとは思わなかったとはいえ、安倍自民党的なものが、票田としてそんなに次世代の党的な層を当てにしていたかといったら、私はそんなには当てにしてなかったと思います。

では、安倍政権にとって、そういう層に一体どういう利用価値があるのかというと、千円の価値の品物なのに一万円だと吹っかけてくるやつがいたときに、さっそうと出てきて、何てひどい金額を言うんだと。こいつはぼったくりだぞと、五千円に負けなさいと言うと、ありがとうと言って五千円払っちゃうみたいな役割ですよね。要するに、千円のものを一万円で売る気は最初からさらさらないけど、千円のものを二千円、三千円、うまくすると五千円で売ることはできるかもしれない。そういう意味では効果があった。

飯田　つまり、ちょっとした右寄り政策を通す弾幕にしていると考えるわけですね。

麻木　そうそう、弾幕としての効果は十分にあって。彼らはある種のサクラのような役割なのであって、役割を終えれば退場する。つまり彼らは十分に役割を果たした、役に立ったんだと思います。かつては右翼団体と写真撮ったりしていたら、議員の職も危うかったんですよ。それが、今はもう馴れちゃって。

飯田　もっとひどいのがたくさんいる、と。

麻木　もっとひどいのがたくさんいるから、それぐらいで大臣の首飛ばすこともない、みたいな効果は十分に上げている。恐らく、そういう意味で、全体として右に寄るという役割は十分に果たしたので、あとはもう要らない。もちろんこれは左でもそうで、あまり極左の人が爆弾投げたりすれば、あれはいかがなものかとなるわけで。いずれにせよ、彼らは十分に役割を終えて、これからは極右的なところで十分にお仕事をもらいながらやっていくんでしょう。

田中　十分とはいえないとは思いますが。

麻木　でも講演会とか結構やってますよ。某大学の何とか研究所に所属とか。で、またこの先、改憲の議論がどうたらこうたらとなったときに、再登場する、と。

田中　改憲論議のときにあんなの出てきたら、逆にみんな、改憲しない方が安全だと思うんじゃないですか。

飯田　あいつらに引っかき回させて、それこそちょっと改憲ということでしょう。

麻木　そうそう。徴兵だとか言ってますよ、ひどいですね、それに比べたらこっちの方がいいでしょう、とか。

田中　だからといって九条改憲にはならないけどね。

飯田　九六条の方はあるんじゃないですか。九六条を通すためのかませ犬にするという。

麻木　だから今回、そういういわゆるかませ犬的な役割、票田とは違う意味で、自民党を裏支えする役割を、次世代の党と共産党が左右から担ってくれたおかげで、とりあえず自民党に入れておこうみたいなのが結構あったのではないか、と。

田中　左は共産党じゃないと思うな。やっぱり「生活の党と山本太郎となかまたち」だっけ、あれだと思う。共産党は勝っちゃってるから、負けたやつを見なきゃいけない。

麻木　いや、勝ったといっても共産党という、過半数をとって政権を奪うということはあり得ないところに、反自民を集中して囲い込んだんですよ。だから共産党にとってもよかったし、自民党にとってもよかった。「自共対立時代」とか言っちゃって、そんな対等なわけないじゃんと。あんなのお世辞だ、お世辞。

田中　共産党の政見放送を見ても、本当にやたらと自共対決とか言ってましたね。

麻木　それに対して自民党の方は、本当におっしゃるとおりです、共産党さん、みたいなこと言っちゃって。

飯田　実は「大変助かってます」ということですね。

麻木　そう、全部おたくが吸収してくれたおかげで助かりました、ということです。右側は次世代の党が吸収して、あっちへ持って行き、で、リベラル後退、じゃないですか。

飯田　実は、民主党票に共産党票を乗せたら自民に勝てた選挙区もありますから。

麻木　それをさせなかったということですよ。要するに、反自民を大同団結させないためには、共産党がクッションになってくれるのが自民党にとっては一番いいんです。

田中　それを考えたら、枝野(幸男)民主党幹事長なんて自民党に愛されて十分な人だね。だって枝野幹事長の発言を聞くたびに、僕はもう絶対に民主党に明日はないなと思う。

麻木　そういう力学になっていることに気がつかない民主党が相変わらず能天気なことを言ってるからだめだということですね。票はとっても、パワーにはつながらない。そもそも消費税増税だって、原発の再稼働だって、野田政権がお膳立てしています。その反省もないんですからねえ。

飯田　ただ、実際のところ、次世代の党と生活の党が減った分、民主党はちょっと増えましたが、生活の党はもとをただせば民主党なんだから、実は何も変わってないということになります。

田中　しかもあの選挙はまだ安倍政権になって二年で、消費税の悪い影響も実感レベルでは何となく感じていても、それほどどかんとは来ていない。そしてその前の民主党が余りにもひど過ぎたから、まだ二年しかやってないし、先を見ようという様子見もあったのかなと。様子見し過ぎて、みんな投票意欲もなくしてたという感じかな。

安倍政権への支持の核心は、景気回復というピンポイント

飯田　それで言うと、昨年の衆院選でわかったのは、安倍自民への支持というのは政治思想では全然なくて、経済が前よりましだという一点が支持のもとなんですよね。

麻木　金融政策というと人気ないのにね。

田中　いや、株価が上がったり、円安でもうけた企業の人たちはうまみを知っているから、本音では待望していると思いますよ。いわゆる、Q3のような追加緩和みたいなものを。

飯田　実際、個人投資家の内閣支持率は非常に高いです。これまでの安倍内閣の支持率は、

経済がいいからという以外に何ら説明がつかないでしょう。

麻木　そこに注目しているんですが、そうすると、今後は下がるということでしょうか。

飯田　経済が悪くなったら、もう下がるしかない。

田中　ただ、支持率が下がっても、安倍政権のかわりに一体何があるかというと、全部それよりも悪い。もう民主党があまりにも悪過ぎちゃって、それに代わる人たちはないじゃないですか。次世代の党ももちろんだめ、橋下（徹）さんの政界引退で維新もだめ、自民党や公明党といった与党の中でさえ代わる人材がいない。世論もそれをわかっていると思うんですよね。安保法制案関係で安倍政権自体の支持率は低下しても自民党への支持はそれほど低下しない。むしろ野党の中には支持率を大きく減らすところもあったりする。

麻木　それでお二人に聞きたいなと思っていたのが、例えば昭和恐慌のときは、いわゆるリフレ的な政策の後には、もう総動員体制まっしぐらになっていくというわけですよね。

飯田　自由主義経済が終わったということですね。

麻木　ああ、やっぱり金融政策というのは本当にだめだとなったときに、それは冤罪なんだけど、その冤罪が晴らせないまま、だったらもう統制経済だというふうに、話がまるっきりでんぐり返っていった。今の政権は、やっぱり右派的なニュアンスが非常に強いし、安倍さんはリフレに対して真の理解があるわけでもないとすると、リフレ政策でだめだとなったときに、統制経済的なものと安倍さんの元々の右派的な部分との親和性が一気に浮上するということはないでしょうか。要するに、戦前の「いつか来た道」がもう一回ということになっちゃう気がするんですけど、それはどうですか。

田中　戦前の「いつか来た道」というよりは、無駄な公共事業みたいなものがずっと続いていって、そのメンテナンス費用もどんどん莫大になってくるというイメージですね。

麻木　軍事費、防衛費もこれからは上げていくんじゃないかなとか。

飯田　ただ先ほど田中さんがおっしゃったように、いまの政権はそれほど防衛費とか軍備拡張には興味がないんですよ。

田中　興味が低そうですよね。自衛隊の整備計画は修正したけど、別にそれで予算を大幅に増やすという話もない。せいぜい二〇〇三年の水準に戻すだけです。例えばバブルが崩壊した九〇年くらいからアベノミクスが始まる二〇一二年まで、他の先進国並みの経済成長率が達成できていたとする。それは数字ではだいたい三％ぐらいです。そうすると日本経済の規模は九〇年代最初と比較してだいたい倍増していたはずです。もし仮に防衛費の伸びをＧＤＰの一％に維持したとすれば、やはり防衛費も九〇年代初めと比較して倍増していたことになる。

ところが実際には、経済成長が達成できなかったので、防衛費の伸びも極端に抑えられてしまい、実質的には今、ありえたであろう防衛費の金額の半分の水準になっているともいえます。

これを取り戻すのは短期的には難しいけど、いまのアベノミクス的な経済政策が一〇年以上維持できれば、そうとう防衛費のリカバリーにもつながるはずです。ただそれはあまり大声ではいわれてなくて、あくまでも裏の声です。安倍首相は防衛費増大、つまり軍備強国を目指すために経済成長を狙っているようには思えない。安保法制の議論もありますが、「戦争をしたい」ために経済成長を実現しているようにはまったく思えませんね。やはり違う目的がある。

経済が急降下したあとの日本はどうなってしまうのか

麻木　そうすると、アベノミクスで滑り出しはよかったのに、消費税を上げました、また経済が急降下しました、人気下がりましたといったときに、安倍さんがやる経済政策は何があるんでしょうか。人気を回復してくれるような政策は。

田中　だから、まず公共事業を吹かすということと、あとはやはり日銀に圧力をかけて追加緩和をして、資産市場にあまり効き目が見られなかったら、また何度かに分けてやるということですね。

飯田　増税と追加緩和という矛盾した政策でぱっとしない成長になったイギリスのような経済状態になってしまうでしょうね。

田中　もし消費税がいまの公約通りに二〇一七年四月に一〇％に上がったら、経済がまた失速する。ただ、安保法制や憲法改正の動向にもよるけど、そのときは安倍首相ではない可能性も大きい。

飯田　そうすると五年後に日銀は中曽さん（現・副総裁）が総裁で、誰が副総裁かわかりませんけれども、日銀のテーパリングが始まって、日経平均七千円、一ドル八〇円へと。

田中　元に戻るか。

麻木　元の木阿弥ですね。そして、みんなでお腹をすかせながら「日本円はこんなに価値が上がった」と喜ぶ。

田中　その一方で、二〇二〇年にオリンピックがあって、そのときだけ国家威信が上がったような錯覚にみんな陥り、あとにはいろんな無駄なインフラが残る。

麻木　そうするとオリンピックの幻がさめた後に、本当の政情不安というか、今度こそ「ナンチャッテ右翼」じゃなくて、本当に……

飯田　行動する「アクティビスト右翼」が出る。

麻木　それは心配し過ぎですか？

田中　いや、そういう可能性はいま現在だって否定できないですからね。アクティブな集団が出てくる可能性はある。事例としてはちょっと不適切かもしれませんが、運動の熱だけみてみると、在特会も、その対抗勢力、カウンターの人たちも、アクティブといえばアクティブです。今、どちらかというとカウンターの方が若くて元気がいいんですが、話している内容を見てみると、これもある種のヘイトスピーチなんですよ、逆バージョンの。例えば、言論の自由を徹底して維持していこうという立場にたてば、在特会的なヘイトスピーチそのものを規制する考えをとるのは難しい。しかし、「ヘイトスピーチを言う人は、自らにもどんなヘイトスピーチを向けられても仕方がないだろう」という立場に近いものをカウンターの人たちには感じます。

ただ僕のような外野からみると、ヘイトと反ヘイトの両陣営の持つ運動の熱量に、九〇年代やゼロ年代にはなかったものを感じます。その意味で、これから未知のアクティブな集団が出てきて、それが日本という社会を脅かす可能性は十分にある。あと日本というのは、変な意味でテロ先進国なので。都市型の爆破テロも最初にやっているし、ハイジャックもそうだし、サリンぶちまいたのもそうだし。そういった意味では、そういった新しいテロは常に起こりかねないと思う。

飯田　テロが先鋭化して、テロを統制するために警察国家化し、インバウンドがなくなって、いいかげんもう投資を全然してないので、技術的にも何ともならず、「二十一世紀のアルゼンチン」と呼ばれるという。

田中　アルゼンチン化はあるんじゃないですか。成長率が下がっていって、飯田さんが天寿を全うするころぐらいには、日本は本当に中位国になってしまうと。

飯田　そう、中位国ですね。

田中　今、中国が「中位国の罠」に陥ってるんじゃないかと言われているんだけど、日本の方がとっくの昔に陥っている可能性が高い。ここでいう「中位国の罠」というのは、中国が先進国に後発の利益によって猛烈に高成長を遂げたけど、そのメリットを失ってしまうと急速に低成長になりほどほどの所得水準に落ち着くだろうという見方です。

麻木　私はポルトガルのサラザール政権を思い浮かべます。一九三二年から一九六八年まで、だらだらと衰退する経済のもと、ヨーロッパにおける先進国としての地位をずるずると失い、そのファシズム的傾向にもかかわらず、世界から特に注目もしてもらえなかったという。日本の経済や政治体制が、なんであれ世界の関心事であるうちは、まだいいのでしょうね。

格差の拡大・固定化が知的分断を先鋭化させる

飯田　そして、低成長ですから、当然格差は拡大する。

麻木　格差が拡大し、かつ固定化してしまう。

飯田　拡大かつ固定化で、いい家に生まれた子は六本木ヒルズでも何でも、いいところに住み、貧乏人はどこか都市部のスラムで地べたをはいつくばって生きると。

田中　もう明らかじゃないですか。ここ二〇年ぐらいだって、東大に入っている子どもたちの親の年収は、すごい高いじゃない。

飯田　そう、平均年収で一千万超えてますからね。

田中　例えば、東京の公立高校に行かせるとしましょう。かなり昔だけど、日比谷だとか戸山だとかの都立の進学上位校に行けば、学校の勉強だけで東京大学とか医学部とかに入れたところが、今は学校の勉強だけでは不可能に近い。塾や予備校とかに行かせるわけですが、そのためのお金はかなり高額になってて、その出費に耐えられる人たちが、いま言ったような東京のトップ校の親たちの大半なわけですよ。例えば進学実績がトップの公立校では、一流企業のサラリーマン、自営業のオーナー、お医者さんなどの子弟が中心だったりする。

飯田　もう本当にここまで来ると、金銭的な資本よりもピエール・ブルデュー（一九三〇—二〇〇二、フランスの社会学者）がいったような意味での文化資本が完全に再生産されている状態ですね。

田中　明らかにそうなんです。

飯田　東京にいるという文化資本もでかいと思うんです。だって講演などで地方に行くと、ひしひしと感じます。一番わかりやすいのが経済誌。本屋さんに入って、『ダイヤモンド』とか『東洋経済』が置いてないことが多い。新書コーナーも全然ラインナップが違うんですよ。

麻木　そのくせ、嫌韓本は置いてあるんでしょう。

飯田　嫌韓本と〝日本はすばらしい〟本は置いてある。

田中　だから嫌韓本は、最先端の知になってしまっている。僕たちの常識から見ると、あんな本なんか、と思うんだけど、この点を認識するのは「知の分断」的状況を考えるときにとても重要だと思う。

飯田　そういうネトウヨ本は共感に訴え、さらに説得する感じで書かれているモノも少なくない。それに比べるとリベラルの本は、教えてやるんだ、ありがたく思えという視線なんですよ。

田中　そう、上から目線なんだよな。

飯田　「大変インテリな私が、無知蒙昧なおまえらに教えてやりますよ」という姿勢がなんとなくにじみ出ている人もまだ少なくない。リベラルな人って言葉は優しいんだけど、めっちゃ上から目線でしゃべるんで、嫌味に感じられるという点は否めないんじゃないかと。

麻木　そんなことがわからないのか、みたいな感じにみえるのかな。

田中　だから多くの保守系の論者は、一方的な講演スタイルよりも、同好の士を集めてみんなで啓発していくという形でファンを組織化しています。先ほど言及したけど、特定の人のファンになって、その人と同じ考えを共有するという属人主義的手法が、いまの保守系の論者たちの共通する手法ですね。

飯田　私塾形式ですね。

田中　まさに松下村塾のような私塾形式をとっているところが多い。塾に入っちゃうと出口がないんです。みんな、ある資格を取ったらそれで「卒業」という感じじゃないでしょう。その「先生」がいるかぎり私塾から出ない。

麻木　なぜリベラル側はそれをしないの。

飯田　やはりリベラル側には自分たちこそ正しいという自信があるんじゃないかな。だからこそ正しいことを言っているんだからみんな理解できるはずだっていう感覚が強くなるんじゃないでしょうか。

田中　私塾は、最終的には先生そのものになるのが目標なんですよね。でも、それって永遠に到達できないよね。本人じゃないんだから。

麻木　属人的な要素ですべて決まるなら、知性とは何ぞやという話ですが。現実がそうだとすると、リベラル側もなんらかの対策を講じなければならないですねえ。どうすればいいんだろう。

田中　例えば、しばらく前にアイスバケツ・チャレンジ（バケツに入った氷水をかぶって見せ、筋萎縮性側索硬化症の研究支援をアピールする運動）がブームになったじゃないですか。あれ、保守系のスキームそのものなんですよ。

麻木　同調圧力で巻き込んでいく。

田中　そう、同調圧力です。主体的に参加して自分を認めてくれるというものが、つまり自己実現のツールがとても強い。

麻木　私はそれを感じるんですよ。アベノミクスというか、安倍さんを支える雰囲気に。安倍さんがアベノミクスと言って、金融緩和と言ったから受け入れたけど、安倍さんが違うことに興味を持ったら、本当にリフレなんかどうでもよくなっちゃう人たちなんだろうという。結局、属人的に物事を考えるというのは、そこが危ないんですけどねえ。

文化資本の固定を揺さぶるためにも地方都市再生がカギ

田中　やはり保守層の性格という問題は大きいと思いますね。あと、社会の固定化に話を戻しますけど、東京出身者が大学で多くなっていくということで言えば、東大も早稲田も圧倒的に地方出身者がいなくなっちゃって、東京の人たちが東京の大学に行くという状況が続いている。逆に言えば、それを地方で見てみると、地方の人は地元の大学に行くということで、地方の大学があまり潰れなくなっている原因にもなっています。

麻木　東京まで行かれないから地元の大学で手を打つ。

田中　だから、潰れる、潰れると言われていながら、大学は全然潰れないじゃない。

飯田　ある程度、保てている。

麻木　だけどそれも難しい問題ですね。今、地方の大学を淘汰してしまえと言っちゃうと、本当に地方の人たちは大学に行けなくなっちゃうじゃないですか。

飯田　地方の大学を淘汰する必要はなくて、もっと進学率を上げるためには都市化するといいと思うんですよ。やはり、また三〇万人を集中せよで。

麻木　結局そうですよね。土台のところを考え直さないと。

飯田　高校進学の時点で、どこに行ったかはものすごく重要ですね。大学に進学する高校が地域にひとつぐらいしかない地域は少なくない。ほかは、変わったやつがたまに出るけれども、基本は大学に行かない高校しかないという状況です。高校進学の時点で大学に行かない高校に進んじゃうと、そこから大学に行くのはもう一大決心になってしまう。それに比べると、三〇万人集まってたら、勉強は嫌いでもないし成績がまあまあだったら、まあまあふんわりと半分か三分の二は大学に進学するという高校がちらほら混じるでしょう。

麻木　少なくとも選択肢には入ってくるということですよね。

田中　今みたいな固定化しつつある文化資本を、地方の単位でがらがらぽんをするようなルートをつくろうという発想だよね。

飯田　やっぱり一〇万人以下のエリアとかだと、普通高校はせいぜい二校ですよね。

麻木　ということは、やっぱり中核都市に集中させるということを考える時、最も大切なのは、格差を是正する機能を持たせるということですね。

飯田　是正するとか、流動化させる。文化資本って、親からの文化資本はやっぱりすごく莫大なんですよね。

「場所の文化資本」を蓄積するために――移住補助金と中心市街地整備

麻木　それに、土地の持ってる資本もありますよね。

飯田　「場所のもつ文化資本」があるんですよ。「教育県」ぐらいうさんくさいものはないですけど、たしかに、同じぐらいの県民所得でも、なぜか大学進学率が地区によって全然違うんですよね。例えば富山、山梨、四国あたりは、こういってはなんですが、地方の割に高い。それは、大学に行くという文化がつくられて、それがずっと惰性でまだあるのか、次の世代になったらもうわからないです。逆に、ある程度豊かになっても、東北・九州などはなんとなく進学率が低かったから低い。福岡・仙台以外は。

田中 なるほどね。

麻木 やっぱり中核都市しかないか……。

飯田 中核都市しかない。そこに「場所の文化資本」を蓄積する。

田中 そして、それを実現しやすいように移住補助金を活用する。

飯田 移住補助金と中心市街地整備です。あとは、少なくとも市街化調整区域（都市計画法上、市街化を抑制すべき地域とされるエリア）を市街化しない。市街化調整区域は今後五〇年見直さないとかね。人口が減少していくんですから、市街化区域をどんどん調整区域にしていくことさえ必要でしょう。これを言うとすぐに「地方の切り捨て」と言われるんですけど、いったい地方って何なんでしょう。地方都市が都市として生き残るためには、集中しかないんですが。補助金または交付税交付の資金を受けないで、好きに田舎で暮らしているというのに対しては、何ら文句は言わないんですけど、現状だと、東京都民が払った税金のうち半分以上、六―七割は東京都と関係ないところに使われている。

麻木 使ってもいいけど、そこに中核都市をしっかり確立して、そこにきちんとした文化資本も確保して、そこからちゃんと人材を輩出する。

飯田　さらに言うと、地場の産業も三〇万あったらいろいろ出てきますから。県庁所在地級の都市であれば、むしろ東京よりおもしろいことができるという街は多いでしょう。

麻木　そういうリアリティのある移住イメージも、今のところすごく不足している。今あるのは、退職したら田舎に行って田んぼをつくりたいんだとか。そんな、六十五になって腰も痛いのに、田んぼなんかできるか、農業をなめんなよ、みたいなのがあるじゃないですか。

飯田　そう、で、三年ぐらいやって、飽きて逃げ出すという。あと、七十過ぎると、体がついて行かなくて車の運転もだんだん危なくなってくる。

田中　僕はいつも通勤に高速道路を使っているんですが、ここ一、二年目立ってきているのは、もう退職した人たちが平日に運転しているんですよ。奥さんと一緒に。だからパーキングエリアに行くと、年配のカップルがいっぱいいるわけです。で、彼らの運転はすごく下手なの。もう怖い。そういったことを感じますね。だから事故も増えてる。この間、国交省がご説明に来て、高速道路における高齢者の事故の事例が上がってきていると。もちろんそれはレジャーで行ってる場合でしょうけど、そんなに車に乗らなくても暮らせるような形で地方都市を整備していくというのは重要かもしれない。今は、やはり車がないと地方の人たちは生きていけないから。

麻木　いろんな施設が散らばってるから車に乗らなきゃならないわけで。

田中　そう、だからそれをまとめるのは重要ですよね。でも実際には、そうならないと思うんですよ。すごくダイナミックで、生活のパターンを今までとは一新してしまう政策じゃないですか。しかも、それを支持する人間がどのぐらいいるのか、と。

飯田　ほとんどいない。

麻木　ほとんどいないのか。

田中　やはり生活保守的な思考バイアスが根強いですから。大胆な政策をやる政治勢力がない。理想的にはいま言ったのがいいんだろうけど、生活保守的な認知バイアスを持った人たちがいるかぎり難しい。

飯田　でも、四七都道府県もあると、そういうのをどこかが間違えて（笑）やり出すんですよ。だから、僕は地方分権を進めてほしいと思っている。県によって、意見集約が比較的うまくいく県は必ず出ると思うんですね。その県がすごく発展して、前例が一つできたら、もう四七都道府県ドミノ倒しのように改革を始めると思う。

田中　なるほど。

「30万人都市」の発想を、震災復興にどう活かしていくか

麻木　これは言い方が難しいところですけど、本当は被災地の復興にも結びつく話ですね。

田中　そうなんです。

麻木　復旧と復興は違うんだという意味で。被災者の切り捨てにならないように、慎重に考えなくてはなりませんが。

田中　だから、昔住んでいたところの近くに「強靭化」を図ってまた住んでもらうという発想になっちゃっている。

麻木　本当はピンチをチャンスに変えることがあるとしたら、それですよね。

田中　そう。関東大震災のときにそういったことを言ったのが、後藤新平（一八五七―一九二九、明治～昭和の政治家、関東大震災の帝都復興院総裁）だったんですよ。新旧を入れ換えるという発想だったんだけど、日本の今の政策は違いますよね。

飯田　どうなるんですかね。被災地で言うと、釜石はいち早く駅前にイオンを誘致したんです。これは英断だったと思います。確かにイオンが出来たらかつての商店街の店の中には復活不可能な店がたくさんでるでしょう。しかし、そのかわりそこに雇用が生まれるし、場合に

よってはそのイオンに入らないタイプの、居酒屋とか、海産物を生で売っている店とかは意外と生き残れるかもしれない。ところが、もしイオンが来ないで、そのまま復活しようとしていたら、もう自治体自体が完全に消滅していたかもしれない。でもイオンがあることで、釜石だけでなく周辺地域の中心街になる。つまり、釜石のハブ化が進んでいる。だから、地元の商店街にどう納得いただいたのかわからないんですけど、釜石がもしかしたら勝ち残る方になるかもしれない。

麻木　それならそれで結構なことだなと思う反面、中核都市化と言ったときに、じゃあそこに何を置きますかといったら、いつもイオンだったりユニクロだったりABCマートだったりという話になっちゃうのもどうなんでしょう。あと一息何かないのかな。中核都市を考える時、中心がイオン的なものだと、撤退されたらおしまいですよ?

田中　それを変えるためには、やはりユニクロじゃないような選択肢が出やすい、経済全体の状況を変えていけばいいわけで。ユニクロだって今のブラックなユニクロじゃなくて、ホワイトユニクロだってできる可能性がある。

飯田　実は、三〇万—四〇万人以上の都市になると、イオン万歳じゃないんですよ。でも一〇万人、下手したら二〇万人を切ったら、その町にあるどの店よりもイオンに入っている店がいい、あるいは、どの店よりもワタミの方がおいしい、と。

麻木　四〇万になると、必ずしもそうじゃなくなるということですね。

飯田　行っておいしいお寿司屋さんがあるとか。一〇万ぐらいになると、難しい。

田中　僕がかつて住んでた地方都市だって、今は人口が一〇万切ってると思うんだけど、もしイオンが駅前に来れば、もう万歳ですよ。駅前にハンバーガーショップがあったんだけど、若い人がいないからなんだろうけど、維持できなくなって閉店しました。中高生が買い食い禁止なわけ。だから駅前にあるのに、維持できないんですよ。だから駅前には数軒のラーメン屋さんと、ビジネスホテルだけで、あとは何もないし活気も乏しい。駅前からかなり離れた街道の方は自動車利用者もターゲットにできるので、そこそこショッピングセンターもあるけど、やはり元気はない。それが一〇万人都市のだいたいの風景です。

麻木　本当に人口が減少して限界を迎える自治体が出てきたときに、さらに補助金をぶち込んで維持しようとするのか、ああ、これはまずいと思って、ある程度中核都市化を進めるというふうに、緩やかにでもシフトできるのか。

田中　今の自民党的な発想の政権が、仮にこれから二〇年間ずっと続いたとすれば、明らかに補助金をぶち込む方ですよ。名前は変わってるかもしれないけどね。ゴールデンマネー政策とか。

飯田　国土強靭化から。

麻木　ハッピーライフ計画とか。
田中　地域に優しいハッピーローカル政策とかなんか。
麻木　後に行くほど、頭悪そうなネーミングになっていく（笑）。
田中　今の道を行ったら、本当に出口なしになっちゃっている。

日本社会の分断化を避ける最後のチャンス

飯田　僕は今が、もう最後のチャンスだと思っています。人的資源がまだ残っていて、ちょっとうが立っているけど優秀な技術者がいて、それなりに何とかなっている状態ではある。
田中　歳をとった人たちをこのままやめさせるのはもったいないと、多くの企業が自発的に思っていますね。だからアベノミクス起動後では、六十五歳以降の再雇用が増えてるんです。それを見ると、日本の人的資本の蓄積はかなり順調だったという。
麻木　それを継承する最後のチャンスだと考えて、踏ん張っている面があったわけですね。でも、それも間もなくついえる。
田中　ええ。そして、待っているのは社会の分断化です。教育の面では、都市部を中心に明らかにそれは始まっている。公立高校でも、こんなに高所得者層が集まっているのかと本当に驚いた。高額の授業料をとる私立と変わんないじゃんって。

飯田 やっぱり、上の方はそうなるんですね。

麻木 高校無償化といったときに、ばらまきだと日本中が怒ったということが、ほんとうに意味がわかんなかったです。

田中 無償化どころか、低所得者層の人には塾に行かせる補助金を出すぐらいの必要がある。

麻木 杉並区なんかは出してたのに、この間、不公平だと言ってやめることにしたとか。

田中 いや、絶対出した方がいい。塾行く、行かないが大きいから、小学校の段階から行きたい家庭には、所得に応じて出しちゃった方がいいです。

飯田 そうなんですよね。

麻木 ところがそれが不公平だと言われている。フェア（公平）ってどういうことかといったら、全員が同じ地べたにいることじゃなくて、背の低い人には踏み台を与え、足の速い人はちょっと手前から走れというのが公平なのに、全員同じ地べたからやれとなっちゃっている。

飯田 例えば百万円持っている人と一万円持っている人でじゃんけんゲームをして、破産したら負けというルールにしたら、一万円しか持っていない人が勝つ可能性は百分の一なんですけど、でもじゃんけん自体は平等じゃないかみたいな話ですよね。

麻木 そうなの。「平等とは何か」ということが、どういうわけだかどこかに行ってしまった。もうほとんど近代の否定ですよ、それでは。

飯田　ピケティは、まさにそういうルールが強者によって決められているということを、強調している。つまり、その「公平」ということの意味自体を、金を持っている側が決めているという。

田中　社会の一％が決めるというわけね。だから、社会の少数派が「公平」の意味を独善的に決めてしまったり、資産格差や文化資本の格差が世代を超えて継承されていくことがない社会にしないといけない。アベノミクスというか安倍政権の政策は、その意味で日本の抜き差しならない段階で出てきた政策であり、その成否がこれからのアベノミクス以後の社会がどうなるかに大きく関わってくるということですね。

〔附〕地方消滅の旧理論と新理論を超えて

田中秀臣

日本では、戦前は人口増加問題が深刻だと議論され、最近は人口減少が問題視されている。だが、戦前も今日と同じように、「人口減少」が日本の社会・経済に悪影響を与えると論争を招いたことがあった。明治末期、保護貿易か自由貿易かをめぐって、河上肇と福田徳三が国民経済のあり方をめぐって論争を行った。そのとき河上肇は保護貿易の立場に立った。彼の主張は、もし貿易が自由化されて農産物の価格が下落すれば、それによって農村部の実質所得は低下するだろう。他方で都市部の産業は労働者への支払いが農産物価格と等しければ、コストダウンをはかることができる。都市部の産業は発展し、それは都市の期待所得を高めるだろう。農村の人々は自分たちの低下した所得と、都市で得られるだろう期待所得を天秤にかけて、農村を離れて都市に職を得ようとするだろう、というものだった。このことは河上にとっては深刻な問題を引き起こす。なぜなら河上にとって農村こそは、日本を支える人的資源のソースであり、農村の人口が減ることは将来的な働き手と軍人の減少を意味するからであった。つまり農村に比べて都市環境は人口を増やさないのである。河上にとっては農村の「人口減少」は日本の将来の危機として映った。そのため河上は農産物価格を維持するために保護貿易を主張した。対する福田徳三は農村から都市への労働者の移動は必然と考えていた。またその結果も、低廉な労働余力を活用することで、日本全体の産業が転換し、また成長に貢献する（全体の所得水準も向上していく）と福田は考えた。

河上の農村「人口減少」論は、今日、増田寛也氏らの『地方消滅』（二〇一四年）の中に再現されている。増田らは、日本の人口減少は地方から三大都市圏（特に東京圏）への人口移動に大きく依存しているという。都市では晩婚化・晩産化・少子化の程度が大きい（＝超低出生率）。さらに地方の人口流出のスピードは大きく、そのことが地方の人口減少を極端なものにしている。増田らは「人口再生産力」という概念に注目する。増田らはわかりやすさを重視して、「二十〜三十九歳の女性人口」そのものを人口再生産力と等値し、この年齢層の女性人口が減ることは、人口の再生産能力が低下し、人口減少が止まらないことになるという。増田らは、若年層を中心とした地方から主に東京圏への人口流出のために、この「二十〜三十九歳の女性人口」が減少し、地方自治体のうち約五割が急激な人口減少に見舞われるという。そして二〇四〇年時点で人口一万人を切る市町村が五三二自治体、全体の約三割あり、これらを「消滅可能性が高い」としている。地方から都市への人口移動が、人口の再生産能力を奪い、それが人口減少に拍車をかけ、日本の地方経済のみならず日本全体を低迷させてしまう、というのが増田らの主張である。この理論的な見立ては、まったく河上の「人口減少」論と同じである。

「このような姿は、まるで、東京圏をはじめとする大都市圏に日本全体の人口が吸い寄せられ、地方が消滅していくかのようである。その結果現れるのは、大都市圏という限られた地域に人々が凝集し、高密度の中で生活している社会である。これを我々は『極点社会』と名付けた」（増田編著（2014）三二頁）。

増田らはこのような「極点社会」は人口減少をもたらすだけではなく、やがて高齢化など介護・医療コストが都市経済の合理的な負担の範囲を超えることで深刻な問題を生み出すだろう、と指摘している。そのため地方から特に東京圏一極集中を避けるために、地方に人口流出の歯止めになる防衛拠点を作らなくてはいけない。それを増田らは「地方中核都市」といっている。実は河上にも類似した概念があった。彼は都市への集住は労働者の生活環境を劣悪なものにすると考えた。そのため都市への集住をやわらげるために、働く場は都市だとしても、住む場所は郊外にもうけ、そこを「田園都市」とするという構想である。増田らに比べると都市への人口移動自体を防ぐという発想ではない。だが河上の田園都市構想は、都市住人に農村的な生活環境を与えることで、都市住民の人口再生産能力の低下に歯止めをかけることを狙ったものとも考えられる。また増田らと同じように、女性の働く環境に配慮し、長時間労働の規制、子育ての支援なども河上は考えていた。他方で、農村からの人口流出の歯止めそのものとしては、農業や漁業の生産性の向上、地方金融の整備、地方教育の向上などを奨励した。この点も増田らの提唱とまったく同じである。つまり増田らの地方消滅論は古くて新しい問題だともいえる。

ただし河上肇が危惧していた「人口減少」は、彼の予想に反して、日本経済全体の生産性を下げるどころかむしろ向上させた。人口が農村部から都市部（東京だけではなく全国に点在する都市部）に移動することで、農業から製造業・サービス産業への産業構造の転換がすすみ、都市に居住した人たちの所得水準は向上した。また都市部での消費・投資に牽引されて地方経済も活況を呈した。いわゆる戦後の高度成長期にその特徴が顕著だ。対して河上が主張し、福田が反対した農業保護政策は、今日まで残存し、むしろ農業の生産性を低下させてしまっている（河上と福田の以上の経済論の詳細は田中（2000）参照）。

増田らの主張に対しては、まず人口減少自体がそんなに「悪」なのか、が議論されなければならない。マクロ経済学の教科書によると、人口成長率が大きいほど一人当たりの資本は減少してしまう、つまり人口増加は経済成長にとって好ましいものとはいえない（マンキュー（2012）等）。実際に、原田泰（2015）は、人口増加率の高い国ほど一人当たり実質GDPの成長率が低いことを指摘し、同時に一人当たり所得の高い国ほど人口増加率が低いとも指摘している。もちろん人口減少が進みすぎてしまい、日本の人口が文字通りに消滅してしまえば問題だが、それは現在の真剣な論題ではないだろう。原田はむしろ人口減少そのものよりも高齢化の方が問題であると指摘している。増田らの主張も高齢化の弊害を説いてはいるが、高齢化問題の解決と人口減少問題の解決はイコールではなく別問題である。原田は高齢化対策に必要なのは税負担増と支出減の組み合わせだと主張している。

また増田らのように東京圏への一極集中を抑制すべきだろうか？　本書でも都市部から地方への税収の配分（所得再分配）は間違いであることが繰り返し述べられてきた。例えば一〇万人程度の人口の自治体では、その人口を維持するために都市からの税金を利用するのは得策ではない、というのが本書の主張である。これはその規模の地域を切り捨てることを意味してはいない。本書で詳述されているように、「そのエリアはそこで採れるモノ（一次産業とその派生産業）、その場所そのものの魅力（観光業）という資源消費型の経済に頭を切り換えなければならない」「非都市エリアは資源を何人でわけるかという視点で考えなければいけない」。この発想でいけば、日本全体で言えることだが、かならずしも人口減少は悪いことではない。

八田達夫大阪大学名誉教授は、東京圏への集中を抑制する特段の理由がないこと、まず人口減少が必ずしも経済成長にマイナスではないこと、東京圏だけに人口集中が起きているのではなくむしろ札幌、名古屋などの地方大都市への集中が盛んなこと、さらに東京圏が合計特殊出生率（生涯でひとりの女性がもてる子供の数）が極端に低いわけでもなく、ほかの大都市よりもむしろ高いことを指摘している（八田（2015））。

さて本書では、県単位でＤＩＤ（人口集中地域）連続で三〇万人以上の中核都市整備の必要を提唱している。この「ＤＩＤ連続」という観点は、つまり自治体でみるのではなく、あくまで地域でみるということ、イメージ的には市街地が切れ目なく続く空間で把握するということである。**表**（次々頁）には現状の市区町村の人口規模が掲載されているが、必ずしも自治体単位にとらわれないので、単純に人口三〇万の都市と人口一〇万の都市を峻別する理由はない。例えば群馬県の前橋市は県庁所在地だが約三四万の人口で本書の中核都市としての資格はぎりぎりのように思える。実際に増田らの推計では、前橋市は二〇四〇年で人口が約二八万人になり三〇万を割ってしまう。だが自治体に限定されないので近隣の人口集中地域（例えば伊勢崎市や高崎市の一部など）を包摂して「ＤＩＤ連続で三〇万人以上の中核都市」を形成することができる。

本書ではまた移住補助金を提言している。具体的にはどんな局面で利用するのが効果的だろうか。現在の地方の成長産業は介護や医療サービス産業である。高齢者が増加していき、働き手（介護労働者、医師・看護師など）が恒常的に不足している。この不足の原因としては、八田（2015）が指摘しているように、現在は地方に高齢者が多くても、将来的には大幅に減少し安定的な職の確保に至らないという「期待所得」の低下がある。そのため介護労働者や医師・看護師やそれをサポートする様々な職種の人たちは期待所得の高い大都市への移動インセンティブが高い。増田ら日本創成会議は、この事態を深刻にみて、大都市（東京や大阪など）で引退した高齢者が地方の中核都市に移住する提言をしている。大都市からの高齢者が切れ目なく地方の中核都市に移住すれば、それは介護労働者たちの期待

	都道府県名	市区町村名	人口
67	大阪府	高槻市	355,515
68	埼玉県	川越市	349,378
69	北海道	旭川市	347,207
70	埼玉県	所沢市	343,083
71	滋賀県	大津市	342,832
72	群馬県	前橋市	339,956
73	東京都	北区	338,084
74	高知県	高知市	337,412
75	福島県	いわき市	333,802
76	埼玉県	越谷市	333,736
77	東京都	新宿区	327,712
78	福島県	郡山市	326,808
79	沖縄県	那覇市	323,184
80	秋田県	秋田市	319,084
81	東京都	中野区	316,625
82	三重県	四日市市	312,753
83	愛知県	春日井市	310,495
84	福岡県	久留米市	306,173
85	兵庫県	明石市	297,547
86	青森県	青森市	295,898
87	岩手県	盛岡市	295,170
88	福島県	福島市	284,948
89	三重県	津市	284,620
90	千葉県	市原市	280,340
91	新潟県	長岡市	278,923
92	大阪府	茨木市	278,782
93	東京都	豊島区	275,507
94	山口県	下関市	275,242
95	茨城県	水戸市	273,046
96	北海道	函館市	271,479
97	兵庫県	加古川市	270,589
98	東京都	目黒区	269,689
99	大阪府	八尾市	269,594
100	福井県	福井市	267,355
101	長崎県	佐世保市	260,110
102	東京都	墨田区	258,423

	都道府県名	市区町村名	人口
103	神奈川県	平塚市	258,065
104	静岡県	富士市	257,697
105	徳島県	徳島市	257,104
106	東京都	府中市	254,551
107	山形県	山形市	250,573
108	埼玉県	草加市	245,389
109	長野県	松本市	242,446
110	大阪府	寝屋川市	240,653
111	東京都	港区	240,585
112	神奈川県	茅ヶ崎市	240,428
113	埼玉県	春日部市	237,723
114	青森県	八戸市	237,550
115	佐賀県	佐賀市	235,845
116	広島県	呉市	235,624
117	兵庫県	宝塚市	234,003
118	神奈川県	大和市	233,586
119	埼玉県	上尾市	227,897
120	神奈川県	厚木市	225,342
121	東京都	調布市	224,191
122	群馬県	太田市	222,130
123	茨城県	つくば市	220,622
124	東京都	渋谷区	217,008
125	群馬県	伊勢崎市	211,297
126	東京都	荒川区	209,087
127	東京都	文京区	207,413
128	島根県	松江市	205,725
129	静岡県	沼津市	202,612
130	兵庫県	伊丹市	201,912
131	埼玉県	熊谷市	201,627
132	三重県	鈴鹿市	201,035
133	新潟県	上越市	200,179
134	大阪府	岸和田市	200,148
	東京都	台東区	189,795
	東京都	中央区	138,088
	東京都	千代田区	56,873

（出典）「住民基本台帳に基づく人口、人口動態及び世帯数（平成27年1月1日現在）」（総務省）。

表　全国の人口20万人以上の自治体（2015年1月1日現在）

人口20万人以上の市町村および東京都の特別区を、読者の目安となるよう人口の多い順に配列した（東京都の特別区については、参考までに20万人未満の区も含めた）。尚、本書で言う「30万人都市」とは、ここに挙げた自治体単位の人口とは異なる概念なので注意されたい。

	都道府県名	市区町村名	人口
1	神奈川県	横浜市	3,722,250
2	大阪府	大阪市	2,670,766
3	愛知県	名古屋市	2,260,440
4	北海道	札幌市	1,936,016
5	兵庫県	神戸市	1,550,831
6	福岡県	福岡市	1,486,314
7	神奈川県	川崎市	1,445,484
8	京都府	京都市	1,419,474
9	埼玉県	さいたま市	1,260,879
10	広島県	広島市	1,188,398
11	宮城県	仙台市	1,053,509
12	福岡県	北九州市	976,925
13	千葉県	千葉市	962,376
14	東京都	世田谷区	874,332
15	大阪府	堺市	847,719
16	静岡県	浜松市	810,317
17	新潟県	新潟市	804,413
18	熊本県	熊本市	734,917
19	静岡県	静岡市	715,752
20	神奈川県	相模原市	715,145
21	東京都	練馬区	714,656
22	東京都	大田区	707,455
23	岡山県	岡山市	706,027
24	東京都	江戸川区	680,262
25	東京都	足立区	674,111
26	千葉県	船橋市	622,988
27	鹿児島県	鹿児島市	608,240
28	埼玉県	川口市	589,205
29	東京都	八王子市	562,572
30	東京都	杉並区	547,165
31	東京都	板橋区	544,172
32	兵庫県	姫路市	543,083
33	栃木県	宇都宮市	520,462

	都道府県名	市区町村名	人口
34	愛媛県	松山市	517,462
35	大阪府	東大阪市	498,814
36	東京都	江東区	493,952
37	千葉県	松戸市	487,376
38	岡山県	倉敷市	483,722
39	兵庫県	西宮市	483,455
40	大分県	大分市	478,792
41	千葉県	市川市	472,757
42	広島県	福山市	472,354
43	兵庫県	尼崎市	465,236
44	石川県	金沢市	453,081
45	東京都	葛飾区	449,527
46	長崎県	長崎市	436,576
47	香川県	高松市	429,276
48	東京都	町田市	426,648
49	神奈川県	藤沢市	423,246
50	愛知県	豊田市	421,701
51	富山県	富山市	419,849
52	神奈川県	横須賀市	418,277
53	岐阜県	岐阜市	415,520
54	大阪府	枚方市	407,528
55	千葉県	柏市	406,281
56	宮崎県	宮崎市	405,750
57	大阪府	豊中市	401,007
58	愛知県	一宮市	386,538
59	長野県	長野市	384,428
60	愛知県	岡崎市	380,537
61	愛知県	豊橋市	378,890
62	和歌山県	和歌山市	377,208
63	群馬県	高崎市	375,341
64	東京都	品川区	372,077
65	奈良県	奈良市	363,756
66	大阪府	吹田市	362,845

所得の底上げにつながるだろう。このときに大都市からの高齢者に移住補助金を与えるのも一案ではないだろうか。これは移住補助金を直接その移住する高齢者に手渡さなくてもよい。移住先になっている中核都市に医療給付という形で移住者数に応じて配分すればいいだろう。また本書にもあるように、過疎地域から交通が整備された中核都市へお年寄りが移住する際にも移住補助金を利用することが望ましい。

無理やりな人口減少の歯止めを都市部から地方への所得再分配によって行うことの非効率性を認識すること、そしてそもそも人口減少を必ずしも「悪」とはみなさない、という理性的な判断が今後さらに望まれるだろう。

参考文献

田中秀臣（2000）「福田徳三と河上肇――明治末期の国民経済論争を巡って」『上武大学商学部紀要』11（2）、九五―一一二頁。

八田達夫（2015）「地方創生策を問う（下）移住の障壁撤廃こそ先決」『日本経済新聞』二月六日。

原田泰（2015）『反資本主義の亡霊』日本経済新聞社。

増田寛也編著（2014）『地方消滅――東京一極集中が招く人口急減』中央公論新社。

マンキュー、N・グレゴリー（2012）『マクロ経済学　応用編（第三版）』東洋経済新報社。

補論

「集団的自衛権」の経済学

田中秀臣

防衛という「公共財」をどう考えるか——戦略的補完の視点から

日本の安全保障をめぐる議論が白熱している。政府が国会に提出している平和安全法制整備法と国際平和支援法の二法案（以後は安保法制と略）を巡って、与野党の攻防戦、そしてマスコミや世論でも意見の対立が厳しくなってきている。特に衆議院の憲法審査会で与党の参考人として招いた長谷部恭男氏らの憲法学者が安保法制を「違憲」であると発言したことが大きくとりあげられたことで、一気に安保法制の社会的注目度は増した。憲法学者の多数は日本国憲法の第九条を中心とした法学的観点から、安保法制における集団的自衛権の行使を「違憲」とみなしているようだ。憲法学者の多くは、自衛権を個別的自衛権と集団的自衛権に区別し、前者は日本国憲法が認めているが、後者は認めていないとする。なかには個別的自衛権の行使としての自衛隊の存在自体を認めない法学者もいる。

いま軍事的な同盟関係にあるA国とB国が存在するとしよう。この軍事的な同盟は「集団的安全保障」とも言われる関係だ。例えば日本と米国の安全保障条約もこの集団的安全保障であるし、また国連自体もこの集団的安全保障体制としてみなされる。個別的自衛権というのは、A国（もしくはB国）が別の国Cから攻撃をうけたとする。そのときにA国（あるいはB国）自ら敵国Cに対して防衛力を行使することは個別的自衛権とみなされる。それに対して集団的自衛権は、同盟関係にあるB国がC国から攻撃をうけていることに対して、A国がC国に対して防衛力を行使することを言う。

いま議論されている安保法制というのは、この後者の集団的自衛権の行使を認めることを骨子にしている。ただし政府案は集団的自衛権の行使全般を認めたものではない。あくまで「限定的」である。政府が作成した内閣官房のQ&Aのコーナーの記述をとると、「あくまでも国の存立を全うし、国民の命と平和な暮らしを守るための必要最小限度の自衛の措置を認めるだけです。他国の防衛それ自体を目的とするものではありません」とするものだ。例えば日米安保条約の枠内で、この「限定的」な集団的自衛権の行使を考えると、いままでは日本への他国からの攻撃に対して米国は軍事的支援を行なうが、他方で日本は米国への他国からの攻撃に対しては防衛力を行使することはなかった。簡単にいうと（基地提供などを除くと）片務的な性格が強いものであった。「片務的」と書いたが、多くの地域的な集団的安全保障の枠組みが、集団的自衛権の行使を自明とする中では、日米安保の現状は特異な状況だといえる。以下では、この日米安保の現状の特異性が、防衛という「財」の配分を歪めてしまっている状況を簡単に説明しておく。

公共財という考え方が経済学にはある。これは公園や道路などをイメージするとわかりやすい。国や地方自治体が運営している公園、または国道や県道などは、多くの人が特段の許可もいらずに自由に利用しているだろう。これを「非排除性」という。また公園で散策している人が一人余計に増えたぐらいでは、他の人の散策の邪魔になることはめったにないだろう。これを「非競合性」という。この非排除性と非競合性の両方の性格を備えた財を「公共財」といっている。防衛は公共財の一例とみなされていて、自衛隊による防衛はすべての国民が、なんらかの金銭的な負担をしなくとも、国民であるということだけで享受することができるし、また一人余計に守られるべき国民の数が増えても、それによって既存の自衛力が左右されることはほとんどない。

防衛は公共財であり、また他国との集団的安全保障の枠組みで考えれば「国際公共財」であるともいえる。イェール大学名誉教授の浜田宏一氏はこの「国際公共財」の観点から、日本の安全保障の興味深い分析をしたことがある。以下は浜田氏の解説を自己流に言いかえたものだ(1)。例えば、冷戦構造のなかでは、米ソがその防衛という国際公共財の供給を大きく負担し、NATO諸国や日本はそれに「ただ乗り」(フリーライド)していた。これを浜田氏は「戦略的代替」と名付けている。

例えば米国はソ連と直接の対抗関係にある。ソ連が軍事的支出を増やせば、それに応じて自国の防衛のために軍事費をやはり増やして対抗しなくてはいけないだろう。これは両国の過剰な軍事支出へのプレッシャーになっていく。典型的には人類を何度も絶滅させることが可能なほどの核兵器の保有や、世界各地に点在した両国の軍事基地などがその証左である。だが両国と軍事的な同盟関係にある国々は事情が異なる。米ソ両国の過大な軍事支出の傘の下で、それにフリーライドする動機付けが強く作用するだろう。例えば冷戦期のＮＡＴＯ諸国の経済規模に対する防衛費の割合をみると、米国の負担に比較するとはるかに低いことが知られている。また日米安保条約における日本の片務的な防衛のあり方もフリーライドの典型的な事例だろう。

この「戦略的代替」が存在するときに、国際公共財の供給は望ましい水準よりも同盟国がなまけることで、非効率的な水準、つまり「過小なもの」になりやすい。「過小」と書いたが実際にはムダなほどの核兵器がつくられたり、過剰な基地配備が行なわれたりすることでムダな防衛の配分がみられ、最適な防衛力の整備がなされていないということだ。

他方で隣国との摩擦が絶えないところでは、また別の国際公共財の動きがある。例えば周辺国同士の争いの可能性に直面していると、お互いの国は軍縮が一番いいと思っていても、自分の国だけ軍縮してしまうと相手が軍拡すると不利になってしまう。そこでお互いに軍拡を選んでしまう。この状況を、浜田教授は「戦略的補完」と名付けた。

ところで現在の日本の状況をみると、近隣諸国との国境を巡る争い（尖閣諸島、竹島など）で戦略的補完の状況が生まれやすい。他方で、南シナ海での軍事基地建設を契機にして中国と米国の軍事的緊張は高まり、これはかっての冷戦期と同じような戦略的代替を生みやすい。経済学的に興味深いのはここからだ。戦略的代替的な現象（望ましい国際的公共財の不足）と戦略的補完的な現象（国際的公共財の過剰圧力）が重なると、前者の不足を後者が補い、「最適な」国際公共財の供給が達成され、域内の安定に寄与するかもしれないのである。実際に冷戦期のいくつかの地域の安定はそうだったと説く経済学者もいる。

今回の安保法制をどのように経済学的に解釈するか。この国際公共財の適切な配分に引き寄せて理解する必要があるだろう。

徴兵制の経済学

またこの安保法制案に関連して、マスコミや一部世論では、将来的な徴兵制の可能性やまた核武装なども取りざたされている。この点についても私見を述べておきたい。

徴兵制の可能性については、例えば、いまの自衛隊では「戦争に参加」する動機が乏しいので、兵員調達が難しくなる。そのために徴兵制を導入しよう、あるいは導入の可能性があるという意見が典型的である。

では、徴兵制をいまの日本に導入すればどうなるだろうか。ポール・ポーストの名著『戦争

の経済学』を利用して簡単にみておこう。(2)

最初に結論を書くと、いまの日本が徴兵制を実施すると、（1）防衛力が低下する可能性がある、（2）若い世代の人的資本の蓄積が歪む（ムダが発生する）可能性が生じる。ポーストの本は、主に徴兵制からAVF（総志願軍）への転換という先進国の主流の流れを分析したもので、日本の一部の無責任な論説のように、いまの自衛隊のような志願制から徴兵制への転換とは異なる。そのため、このポーストの視点を逆転させる必要がある。

まず総志願軍の場合は、他の公務員の賃金やまた民間の賃金との競合を考えなければいけない。それに対して徴兵制の場合は、基本的に報酬面をそれほど意識しなくていい。まさしく賃金によらず強制的に兵役につくからだ。そうなると一定の予算の中では徴兵制の方が割安なので多くの人材を集めることができ、総志願軍の方が人材が少なくなる。

いま総志願軍から徴兵制に切り替えるとしよう。政府が防衛力で利用できる資源は主にふたつ（労働と資本＝装備）だ。いま資本に比べて労働が割安になったので、政府は以前よりもより労働集約的な軍備を目指すだろう。つまり資本集約性を高めて兵器や装備の現代化をどんどんすすめていく先進国のトレンドに逆らって、誇張して書けば、大量人員にライフル一丁のような世界をすすめていくことになる。

さらに人的資源の配分はより深刻なダメージをもたらす。基本的には個々の人に税金を課しているのと同じになる。例えば大学生が半年ぐらい自衛隊に入隊するとか、あるいはボランティアを義務化されたとしよう。これは社会に出るまでに余計な費用を学生やその親たちに課すことと同じだ。また半年の自衛隊入隊の防衛力アップへの貢献もたかがしれている。大学を四年できりあげさせたほうが無駄が少ない。もし一時的な兵力が必要ならば、現状で削減されている三年ほどの任期付き自衛官を大幅増員したほうがいいだろう。

徴兵制の場合は、大規模な兵員に一人人員を追加しても、その人のもたらす労働の限界生産物（その人が自衛隊のサービスに付け加える貢献の量）は、たかがしれている。つまり一国の防衛力になんの有意義な意味も与えない。この労働の限界生産物がとても低いということは、本来適性のない人たちを軍人にしたことが原因だ。簡単にいうと人的資源のムダ使いなのだ。わざわざ機会費用が高い人に、その人を徴兵するのが金銭的に安上がりだ、というだけで兵隊業務をやらせるのに似ている。機会費用というのは、あることをするために他の行為を断念したときに生じるコストのことだ。

機会費用の簡単なケースを挙げよう。ワープロ入力も、また論文作成能力も両方高い人が、ワープロ入力能力が自分より劣る秘書を雇うとしよう。自分より入力は劣るが、それでも自分はワープロ入力をしないですむ時間で、さらに論文作成をすることが可能になる。また自分の新しい可能性を見出すことにその時間と人的資源を使うことができるかもしれない。しかし徴兵制とは、この選択肢をうばい、わざわざ比較劣位なワープロ入力を行なえ、と命ずることに似ている。

ポーストの本ではヨーロッパ諸国やベトナム戦争後の米国の事例が多く紹介されている。ほとんどが徴兵制から志願制に転換したことが多かれ少なかれムダを省き、軍備の効率化をすすめていることを実証している。日本で徴兵制を叫ぶ人はこの流れを反転させようとしているようにみえる。

簡単にまとめる。

(1) いまの日本に徴兵制を導入することは、軍備の質的な劣化を招き、防衛力をさげる可能性が大きい。

(2) 若い世代の人的資源の配分を歪めることで、個人はもちろんのこと長期的な日本の国益の損失を招く。

日本の防衛力を本当に高めたいのであれば、適正な幅で防衛費を増額していけばいい。「適正な幅」というのは、日本の歴代政権がほぼ守ってきた防衛予算のGDP比一%枠でいい。ところでこの防衛予算の伸び率はここ二〇年ほど停滞していた。その主因は、日本経済のGDPがほとんど拡大しなかったためだ。九〇年代から二〇一〇年代まで日本のGDPが先進国の平均的な成長率である三%程度増加していけば(GDPは二三年で倍増する)、いまの防衛予算の総額は実際の額の倍ほどになっていただろう。だが実際はほとんどゼロ成長でしかなかったため、「失われた防衛費」は現状と同規模である。こうして日本の防衛費が二〇年ほど停滞する中で、中国の軍備的台頭（公式統計でもこの二〇年で二〇倍に増えている）など、東アジアの安全保障に黄色信号が灯っているのが現状である。そのため少なくとも日本の防衛費を着実に増加させることが必要だろう。その範囲内で、装備や人員の調達において改善を目指していくべきではないだろうか。その意味からも日本経済のデフレ脱却、経済成長の安定化こそ、日本の安全保障の必要条件のひとつなのである。

核武装は「経済的」か

また日本の防衛力不足を核武装によって一気に解決しようという主張もある。この核武装についても以下にその問題点を指摘しておく。

冷戦体制の間は、日本は米国の「核の傘」をさほど問題視することもなくフリーライド（ただ乗り）をしていたというのが通説だ。この点は先の浜田宏一氏の指摘で見てきた。ただ実際には、米国の同盟国の中では、東アジア地域の日本や韓国は、NATO諸国に比べると、ただ乗りの度合はかなり低い。つまり日本も韓国も米国にただ乗りはしていたが、それなりに防衛

（ないし軍事）支出を増やしていたのだ。日本では一九七〇年代後半に防衛費のＧＮＰ一％枠（いまはＧＤＰ）の議論が出てくるまでは、高度経済成長期などは特に経済成長率が高いのにあわせて、防衛費が増えていた。

一般的に、防衛費は長期的には経済成長に貢献しない。ただ短期的には、防衛支出の増加は景気対策として有効であることは知られている。

冷戦が九〇年代初めに事実上終わり、それをうけていままでの米ソ対立の構図から、どのように新しい安全保障を構築していくか、当時の世界中の経済学者やまた日本の経済学者たちは議論を重ねた。いまから考えると、この九〇年代はポスト冷戦を経済と安全保障の再構築として真剣に議論していた時期にあたる。それが九〇年代終わりからの日本経済の低迷やまた９・11による国際的なテロ、「テロとの戦争」などをめぐる問題にひきずられてしまい、日本が極東でどのように安全保障を構築していくかを、少なくとも経済学者たちはほとんどまともに考察しなくなってしまい今に至っている。[3]

九〇年代、安全保障の経済学を真剣に多くの学者たちが考えていたときに、福岡大学教授の服部彰氏は、論説「核兵器開発の経済的帰結」（一九九六年）の中で、核武装についての経済学的考察を公表していた。[4] 服部氏は、なぜいくつかの国々は、核兵器を保有したがるのか、その経済的なインセンティブを、需要の面と供給の面から解説した。

まず核兵器を求める側（需要）だが、それは冷戦が終わったことで、米ソにただ乗りすることで地域の安全保障のコストもついでに払うことができていた同盟国が、自分たちで地域の安全保障をまかなう必要がでてきた。そのため核を保有する政治的・経済的な価値が増した。また米ソなどで働いていた多くの核兵器開発の技術者や専門家たちが働き場所を求めていて、人材的な面での調達可能性が拡大していた。さらに核兵器の製造にかかわる資材などが、やはり冷戦終焉をうけて在庫などがだぶつき、価格低下をおこしていたことも核兵器開発を容易にした。

この需要と供給を背景にして、服部氏は仮に日本が核保有を決断するケースを試算した。まず政治的難関として、核不拡散条約にどう対処するかである。核兵器を保有することは同条約に違反することであり、国際社会の非難は免れることができない。正々堂々（?）と脱退していったのは、いまのところ北朝鮮のみである。ほかの国々は条約以前からすでに持っていたり、または持っているのに持っていないといったり、あるいは持っていることをいろんな理由で弁解しているなど、さまざまだ。

服部氏の論説ではこの堂々脱退路線以外にふたつの方策を提示している。どれもかなり戦略的な選択肢だ。

核兵器の開発に関しては、二つのやり方を区別しなければならない。一つは米国型であり、秘密に開発し、実験して、保有を宣言する方法である。もう一つはイスラエル型であり、秘密に開発し、実験は行わないで、あとは不透明な状況を維持する方法である。つまり、世間の目が厳しいときには後者の方法で戦略的補完関係に対処できる。

ここでいう「戦略的補完」については、浜田宏一氏の論説「日本の平和憲法の経済的帰結」から引用しておこう。

ところが最近の問題というのは、悪の帝国がなくなってしまったわけです。そうしますと、日本と韓国と台湾と中国とマレーシア間の問題というのは、共同の敵に備えていかに相手国に軍事費を使わせるかというただ乗りの議論ではなくて、もしかして隣の国が侵略してきたときどう守るかという問題となります。そういう意味では戦略関係が冷戦中の公共財の議論とは違ってきます。冷戦中は相手が使うときは自分はさぼっていいという公共財の議論だったのですけれども、そうではなくて、相手が支出したらそれを守るために一層支出しなくてはいけないということになります。そういう形での軍拡競争というのができる余地があります。それはゲーム理論で、初めの冷戦中のケースを戦略的代替関係、後のケースを戦略的補完関係といいます[5]。

戦略的補完関係のある場合で、国際世論の眼が厳しいときは、さきほどの服部氏の提示した二つ目のイスラエル型を日本も選ぶのかもしれない。もちろんこの場合は、周辺諸国の疑心暗鬼を招き、地域的な核武装競争を刺激するだろう。この競争圧力は、日本にさらなる政治的・防衛的コストの増加を促してしまう。そもそもの仮定から、このときは米国の他国からの対ミサイル防衛能力、また現状でも潜在的に存在する「核の傘」の下にあるメリットも失うわけであるから、その意味のコストも発生する（日米安保条約は解消されているだろう）。

あと忘れてならないのは、このような政治的なコストだけではもちろんない。通常兵器よりも核兵器は確かにコスト効率がいい。物騒だが、一発あたりの兵器としての対費用効果は割安なのだ。そのため防衛費の不足を一気に解消する手段として指摘されることがままある。だが製造するための初期投資、関連する維持経費（防空システムなどのメンテナンス、開発など）、処分などを勘案すると非常に高価な事業となり、一国の防衛予算のかなりの部分を奪いとるだろう。他国への抑止力をそれなりにもたせようとするとさらに大規模な投資が必要だ。これを払うだけの意味が、政治的・経済的にあるだろうか？

防衛大学教授の武田康裕・武藤功両氏は、日本が核武装をする際の試算で、初期投資が数年がかりで約三兆円、運用コストが毎年三〇〇〇億円以上としている[6]。これは核実験などのコストは除外してのものである。

先にも書いたように、この種の核武装のコストは日本の経済成長には中長期的にはなんの恩恵も与えないだろう。またどう考えても紛争可能性のある周辺国への抑止力としては出来がよくない。国際的な政治コストやまた核武装競争を誘発するなど、デメリットや不確定要素が多すぎる。

このような核武装よりも、冒頭に記したような集団的自衛権の行使を認め、既存の日米安保や国連などの集団的安全保障の枠組みを活用することが「割安」で、しかも戦争のリスクを劇的に減少させる。

嘉悦大学の高橋洋一氏は、軍事的同盟を組む（集団的自衛権を認める）と戦争リスクが四〇％減る、と実証的研究の成果を指摘している[7]。例えば集団的自衛権の行使を認めると「戦争を起こす誘因」も極端に低下する。地域的な集団的安全保障を他国と組んでいると、個別で戦争を起こすインセンティブを抑制するからだ。また集団的自衛権の行使容認で軍事的コストも潜在的に七五％減る（いまの防衛費は約五兆円だが、同盟を解消して個別的自衛権のみでやるとそれが二〇兆円になるため）。

戦争を招くリスクを四〇％減らし、また軍事的コストも日本単独で防衛する場合よりも四分の一ですむことは、集団的自衛権の行使容認は非常にメリットのあることだろう。

実際に、集団的自衛権については世界的には行使可能な当然の権利として議論にすらならない。(8) ただ政治的な思惑から、中国と韓国は反対している。中国と韓国が、日本の集団的自衛権の行使容認を口実にして、地域的な軍事的緊張が高まるのは日本にとっても得策ではない。その口実を与えないためにも日本は（いまの憲法の枠内では当然だが）他国への侵略の意思がないこと、また過去の歴史の反省や東アジアの成長と安全のために貢献する意思を、ことあるごとに中韓だけではなく、世界に向けて発信する必要があるだろう。

〈附論〉 真の平和のための「自衛権」とは

しばしば集団的自衛権行使は憲法違反であり、また政府が解釈改憲を行なうことは立憲主義に反するということを聞く。以下では、これらの「通説」的見解とは異なる視点を提供するため、著名な憲法学者であった佐々木惣一の「憲法第九条と自衛権」について紹介しておく。

佐々木惣一は戦前から戦後にかけて憲法学の世界できわめて著名な人物であった。だが今日、彼の名前を聞く機会はほとんどないだろう。私は河上肇の研究をしている過程で、佐々木惣一の名前に何度か出会った。河上は京都帝国大学法学部に職を得て、そこで佐々木との家族ぐるみの交流が河上が戦後没するまで続いた。特に河上が最後をすごした家が、佐々木の住んでいたところでもあった(ふたりの交流は、佐々木惣一『道草記』甲鳥書林新社、一九五七年、に詳しい)。

私の佐々木に関する知識を広げる契機になったのは、倉山満氏の『帝国憲法の真実』(扶桑社新書、二〇一四年)を読んだことである。同書で倉山氏は、佐々木惣一を、美濃部達吉東大教授(いわゆる天皇機関説で著名、大正・昭和初期の法学者)、清水澄宮内庁御用掛と並ぶ法学者で、「京都学派」を率いた人物として紹介している。特に憲法改正論に関連して、「今の日本国憲法は大日本帝国憲法の改正憲法」とする解釈を提起した。倉山氏は、この佐々木の改正論には、法律論の次元と政治論(政策論)の次元があることに注意を促している。私はこの倉山氏の本の記述と、そしてこの本の末尾につけられたコメント付の詳細な文献目録で、佐々木惣一の今日的意義に注目するようになった。

特に最初に注目したのは、佐々木の敗戦後まもない頃に提起された独自の憲法改正案である。この改正案については国立国会図書館のHPで読むことができる(http://www.ndl.go.jp/constitution/shiryo/02/042shoshi.html)。今日、日本国憲法の中で生存権の保障に該当する、福祉国家の基礎となる考えを、佐々木はその改正案で「生活権」として提案している。しばしば保守系の論者の中には、日本国憲法の生存権などを軽視したり、または戦前の日本には存在しないかのごとく説くものがいるが、佐々木の「生活権」はその十分な反証事例といえる。

さて佐々木惣一が戦後、特に力をいれた仕事は、憲法第九条と自衛力との関連のものである。今日の安保法制に関してマスコミの報道では、「集団的自衛権は違憲である」というのがまるで総意であり、「真理」であるかのように喧伝されている。だが敗戦後、佐々木惣一は一貫して、憲法第九条の法理論的解釈として、日本が自衛力を保有することを合憲としていた。ちなみに今日の議論のように、自衛権を個別的自衛権と集団的自衛権にわけて、それを厳密に区分して議論する日本的な風土とは、佐々木の自衛権解釈は一線を画している。つまり自衛self-defenseには、国際的な解釈と同じように、自分（自国）のみならず、親や子など近しいもの（同盟を組んでいる他国など）を守るという意味も含んでいる。

佐々木の自衛権解釈の多くはネットなどで容易に見ることができないせいか、ほとんど忘却されている。まず佐々木は、さきほどの倉山本の内容を紹介したときに言及したように、憲法論と政策論は別にわけて慎重に議論すべきだとしている。つまり憲法解釈がいかに解されようと、それと現実の問題はまた別に認識し、相互の関係を判断しなければならない、という姿勢である。これは佐々木の憲法第九条解釈の重要なポイントである（後の砂川最高裁判決の内容と共鳴する論点ではないかと思案する）。佐々木のこの区別（憲法解釈の次元と政策論の次元の区別）は、彼の戦前からの立憲主義の見方にも通ずるものである。つまり単に条文解釈に安住するのが立憲主義ではなく、その現実的政策、政治のあり方との関連を厳しくみることが、立憲主義の本意である（佐々木惣一『立憲非立憲』）。

佐々木の「憲法第九条と自衛権」をめぐる主張は、まずは純法理論的に行なわれている。この憲法第九条と自衛権の関係については、佐々木の『憲法学論文選（三）』（有斐閣）を中心に収録されている。ここでは、以下の著作から引用しておく。

国際関係複雑を極め、諸国間の対立激甚を極める今日、いかなる場合にも、いかなる国家よりも、侵略をうけることがないとは限らぬ。そういう場合に、国家としては、自己の存在を防衛するの態度をとるの必要を思うことがあろう。これに備えるものとして戦力を保持することは、国際紛争を解決するの手段として戦力を保持することではないから、憲法はこれを禁じていない。このことは、わが国が世界平和を念願としている、ということと何ら矛盾するものではない。これは、今日いずれの国家も世界平和を希求していること、何人も疑わないにもかかわらず、戦力を保持しているのと同じである。

（佐々木惣一『改定　日本国憲法論』）

また佐々木は憲法第九条の条文そのものに即して以下のように詳述する。

憲法によれば、国家は、戦力、武力による威嚇及び武力の行使については国家が国際紛争を解決する手段としてする、というものという標準を設け、かかる戦争、武力による威嚇及び武力の行使を放棄している。故に、国際紛争を解決する手段としてではなく、戦争をし、武力による威嚇をし、武力を行使することは、憲法はこれを放棄していない。即ち禁じているのではない。このことは、前示憲法第九条第一項の規定を素直に考究すれば、明瞭である。同条項によりて、国家は、戦争、武力による威嚇及び武力の行使の三者を放棄する。換言すれば、してはならぬ、と定めている。が、併し、これらの行動を全般的に放棄しているのではなく、その行動を、国際紛争を解決する手段として、することを放棄する、のである。故に、国際紛争を、解決する手段以外の手段として、戦争することは、憲法により禁ぜられているのではない。国際紛争を解決する手段以外の手段として、戦争をする、という場合としては、例えば、わが国が突如他国の侵略を受けることがあって、わが国を防衛するために、その他国に武力を以て対抗して、戦争をするが如きは、明らかにこれに属する。（略）故に、いわゆる自衛戦争は憲法の禁ずるところではない。

（佐々木惣一『憲法論文選（三）』）

また第二項の戦力の保持や交戦権についての条文については、まず前者は国際紛争を解決する手段としての戦力保持を禁じているだけであり、自衛のための戦力保持を禁じてはいないとする。また交戦権については、「第一項は戦争するという事実上の行動に関する規定であり、第二項は、戦争に関する意思の活用に関する規定である」として、国際紛争を解決する手段として戦争をする意思を活用することと表現している。そのためこの交戦権否認も自衛権を放棄していることではない。

この佐々木の解釈は純粋な法理論のモノであり、現実の政策とは分けて考えるべきだと、繰り返し佐々木は強調している。わかりやすくいえば、どんなに憲法解釈が純法理的にすばらしくても、現実に平和が維持されないでは意味をなさない。そこに佐々木の平和主義的な立場が濃厚に表れる。現在の安保法制議論でも単なる憲法学者の「違憲」表明だけで法案の現実政策的側面が忘却されがちであるが、その点を合わせて考えると、佐々木の視点はいまも鋭い。

また（旧）日米安保条約について、佐々木は米国軍の日本駐屯と憲法第九条は矛盾しないと述べている。この点は純法理的な解釈だけではなく、佐々木が、現実の政策と純法理的な解釈との（緊張）関係をどのようにみていたのか、それを考えるうえでも有益である。

佐々木は当時の日本の現実の自衛力を踏まえた上で、「然るに、わが国は、現在では一切の戦力を有していないのだから、自衛のための戦争でも事実、することはできない。それで、自国を防衛する方法として、他国の戦力に依頼し、他国の軍隊をして、わが国の領土に駐屯して、必要に応じてわが国の防衛に当らしめる、ということを定めたのが日米安全保障条約である。これは、わが国が他国の侵略に対して自国を防衛する一方法である。憲法第九条に抵触するものではない」（『憲法論文選（三）』）。

今日では砂川判決をめぐる議論の際に、「判決は日本の個別的自衛権のみについてふれていて、米軍基地は米軍の集団的自衛権に関わる」などの主張がきかれる。これらの「通説」と佐々木の主張がいかに離れたものであるかが、わかるだろう。(9)

注

（1）浜田宏一（1995）「冷戦後の防衛構造——戦略的代替から戦略的補完へ」http://www.asiawide.or.jp/eps/symposium/s95/2-2.htm
（2）ポール・ポースト『戦争の経済学』（山形浩生訳、バジリコ、二〇〇七年）。
（3）数少ない例外としては、高橋洋一氏の一連の発言や業績、また武田康裕・武藤功『コストを試算！日米同盟解体』（毎日新聞社、二〇一二年）などがある。
（4）服部彰（1996）「核兵器開発の経済的帰結」http://www.asiawide.or.jp/eps/symposium/s96/3-7.htm
（5）浜田宏一（1996）「日本の平和憲法の経済的帰結」http://www.asiawide.or.jp/eps/symposium/s96/1-4.htm
（6）武田康裕・武藤功、前掲書。
（7）高橋洋一（2015）「集団的自衛権巡る愚論に終止符を打つ！　戦争を防ぐための「平和の五要件」を教えよう」http://gendai.ismedia.jp/articles/-/44269

（8）代表的には『フィナンシャルタイムズ』社説（2015）「日本の安保法案は正当だ」（『日本経済新聞』翻訳転載）http://www.nikkei.com/article/DGXMZO89981250R30C15A7000000/ 以下は同社説から引用。「これは正当な変更だ。軍事力の増した中国の台頭で日本の安全保障環境は変化している。不安定な北朝鮮が核爆弾を持っている事実もしかりだ。日本は戦時の侵略に対する償いをドイツほどうまく行なえてはいないが、日本の部隊は過去七〇年間、敵に弾丸を一発も撃ったことがない。現在審議中の安全保障法案が成立しても、日本国憲法（の解釈）で許される武力行使の自由裁量は、依然として世界のほとんどの国よりも制限される。それに加え、インド、フィリピン、ベトナムなど多くのアジア諸国は中国のますます強気な姿勢を懸念しており、日本が軍事力を高めることを支持している」。

（9）今日の憲法学者も佐々木と同じ主張をとるものがいる。日本大学教授百地章氏、大乙文化大学教授浅野善治氏らは、座談会「なぜか疎外されている「集団的自衛権は合憲」の憲法学者座談会～違憲学者は根拠を示せない！」（百地章、浅野善治、長尾一紘中央大学教授、『週刊新潮』二〇一五年七月三十日号）の中で、「砂川判決は日本の個別的自衛権に関するもの。集団的自衛権についてはまったくふれてない。もしくはふれててもそれは米軍に関するもの。しかも主論ではなく傍論にしかすぎない」という「通説」的な見解に対して以下のように反論している。

「百地　多くの違憲論者の反論は間違いです。学生は刑事特別法違反の罪で起訴されましたが、この事件ではそもそも駐留軍を保護する法律は許されるのか、という点が争点となりました。駐留軍が違憲なら、それを保護する法律も違憲。そこで駐留軍と当時の日米安保条約の合憲性が争われ、最高裁は駐留軍を合憲と判断しました。五二年に発効した旧安保条約の前文には「国際連合憲章は、すべての国が個別的及び集団的自衛の固有の権利を有することを承認している。これらの権利の行使として、日本国は（中略）国内及びその附近にアメリカ合衆国がその軍隊を維持することを希望する」と明記されています。最高裁はこれを踏まえて判断したのですから、個別的自衛権と集団的自衛権の両方を認めたことになる。傍論どころか堂々と主論で述べていると思います。

浅野　国家固有の自衛権の有無を判断したわけで、そこには当然、個別的自衛権と集団的自衛権の区別はされていないわけです」。

中国版「ブラックマンデー」をうけて――あとがきにかえて

「ブラックマンデー」とは一九八七年十月十九日月曜日に米国株式市場が直面した株価の大暴落のことである。実に一日で二二%以上の下げ幅で、この記録はかの世界恐慌の引き金をひいた一九二九年の株価暴落（約一二%）をはるかに上回った。当時の日本はちょうど「バブル景気」の入り口に立っていたが、この「ブラックマンデー」の影響を他の諸外国同様に受け、世界は同時株安にみまわれた（日本は約一四%の株価低下）。しかし回復も早く、翌日には日本の株式市場は猛烈に反発し、米国含めて世界経済の実体に大きく影響を与えることはなかった。この「ブラックマンデー」は、ひとつの歴史上のユニークな一事件のみとしてみなされてきた。

二〇一五年八月二十四日月曜日。新しい「ブラックマンデー」は、本書の序論で解説した「中国バブル崩壊」として現れた。八月十七日から二十四日にかけて中国上海総合指数は約二五%の暴落を経験し、特に二十四日の一〇%超、翌日の七%近い暴落は、世界同時株安を引き起こした。新しい中国発「ブラックマンデー」をうけて、日本、米国、欧州を中心とした各株式市場は乱高下を繰り返し、また為替レートの動きもきわめて激しいものだった。日本では一ドル一二五円台だったものが、二日間で、一時期一ドル一一六円台になるなど大きく円高に振れた。

この中国版「ブラックマンデー」をもたらした遠因については、すでに序論で書いたので、ここでは簡単に書く程度にするが、ひとつには中国が「国際金融のトリレンマ」の選択肢の中で、先進国並みの制度選択に移行できるのかどうかが背景にあると思われる。そして習近平政権は、この移行をうまくできていない。多くの先進国のように、変動為替相場制と資本移動の自由、金融政策の自律性という組み合わせではなく、習政権は、あくまで現状の準固定為替相場制に固執している。

他方で、中国経済が減速しているとの観測が強まり、その反面として、中国の為替レートの基準値が何度も繰り返し切り下げられている。これは中国経済の減速と、さらにはデフレ型の不況を回避するためには必要な措置ではある。しかし他方で、その基準レートの引き下げがいつ、どのくらいの規模で起こるのか、まったく外部からはわからない。そもそも中国経済の実体もわからない。この暗闇の中で、基準レートの切り下げが稲妻のように光り、それが中国国内外の市場関係者を驚かせてしまう。この「予期せざるショック」によって、各国の株式市場ははげしく動揺してしまっている。いわば、中国の胸先三寸の裁量政策が、かえって中国経済そのものや中国の経済政策の信頼性を大きく損ねている結果につながる。もちろんこの信頼性の毀損は、当の中国の株式市場自身に大きく降りかかってくるだろう。株式市場は基準レート切り下げによって落ち着くどころか、かえってレートの切り下げとともに株価は暴落してしまっている。この負の連鎖（スパイラル）を断ち切るにはどうすればいいのだろうか？

問題の真因が、中国の政治体制そのものにあるかぎり、その解決は容易ではないだろう。欧米や日本であれば、政権は支持を失い、あるいは政権交代ということで、政策の枠組み（レジーム）が転換する可能性が大きい事態だ。しかし残念ながら、中国にはそのような政治的選択の自由はない。過去の「ブラックマンデー」とは違い、今回の中国バブル崩壊は、簡単に収束することなく、（いくつかの底打ち的な事態をはさみながら）これから当分の間、日本を含む世界経済に重い影をおとすことだろう。

さらに、二度目のギリシャ危機を当面乗り越えたユーロ圏の経済成長も翳りをみせている。また今回の中国版「ブラックマンデー」によって、米国経済の焦点である一五年内の利上げも黄色信号がともっている。仮に中国リスクが現状のままで、米国が利上げを敢行すれば、それは米国だけではなく世界経済の失速を確実なものにしてしまうかもしれない。

このような世界経済の不安定化の中で、本書の座談会前半でとりあげたような、消費税増税の悪影響は、さらに深刻化するだろう。すでにこの「あとがき」を書いている八月二十五日の日経平均の水準や為替レートの動きでは、多少の戻りがあったとしても、二〇一四年十月末に行ったQ2（日本銀行の追加緩和）による株価上昇、円安効果は短期的にはほぼ消滅したといえるだろう。そうなると、日本経済には消費税増税の影響だけが色濃く残るという最悪の展開になってしまう。もちろん日経平均も為替レートも反発して、中国版「ブラックマンデー」前の水準に短期間で戻る可能性もないわけではない。残念ながらこの「あとがき」を書いている段階では、その行方を予測することは難しい。ただ、序論で提言したようなデフレ脱却のためのレジーム再構築は、どのような事態になったとしても必要であり続けるだろう。

本書では、この急転する世界経済の動きをうけて、デフレ脱却レジームの再構築と同時に、日本の再生のために必要な大きな核として、「30万人都市」の創生を提言した。日本を地方から「も」再生しようという大胆な提言である。すで鼎談の中で詳細に議論したので、ここでその内容を繰り返すことはしない。ぜひ本書を読んでいただき、読者の思索の糧にしていただけることを切念しています。

二〇一五年八月二十五日

編者　田中秀臣

著者紹介

飯田泰之（いいだ・やすゆき）
1975年生。エコノミスト、明治大学准教授、シノドスマネージング・ディレクター、財務省財務総合政策研究所上席客員研究員。東京大学経済学部卒業、同大学院経済学研究科博士課程単位取得退学。著書は『経済は損得で理解しろ!』（エンターブレイン）、『ゼミナール 経済政策入門』（共著、日本経済新聞社）、『歴史が教えるマネーの理論』（ダイヤモンド社）、『ダメな議論』（ちくま新書）、『ゼロから学ぶ経済政策』（角川Oneテーマ21）、『脱貧困の経済学』（共著、ちくま文庫）など多数。

麻木久仁子（あさぎ・くにこ）
1962年生。タレント。学習院大学法学部中退。クイズ番組や情報バラエティ番組などに出演。現在、TBSラジオ「麻木久仁子のニッポン政策研究所」（毎週土曜日朝5:05から）が放送中。おすすめ本を紹介するサイト「HONZ（http://honz.jp/）」の「HONZ倶楽部」ではブックレビューを担当。著書『日本建替論』（田中秀臣、田村秀男との共著、藤原書店）ほか。

田中秀臣（たなか・ひでとみ）
編者紹介参照

編者紹介

田中秀臣（たなか・ひでとみ）

1961 年生。上武大学ビジネス情報学部教授。早稲田大学大学院経済学研究科博士後期課程単位取得退学。著書に『沈黙と抵抗――ある知識人の生涯、評伝・住谷悦治』（藤原書店）『日本経済は復活するか』（編著、藤原書店）『昭和恐慌の研究』（共著、東洋経済新報社）『経済論戦の読み方』（講談社）『経済政策を歴史で学ぶ』（ソフトバンク）『不謹慎な経済学』（講談社）『雇用大崩壊　失業率 10％時代の到来』（NHK 出版）『デフレ不況』（朝日新聞出版）『「復興増税」亡国論』（共著、宝島新書）等多数。

「30万人都市《まんにんとし》」が日本《にほん》を救《すく》う！
――中国版《ちゅうごくばん》「ブラックマンデー」と日本経済《にほんけいざい》――

2015年9月30日　初版第 1 刷発行©

編　者　田　中　秀　臣
発行者　藤　原　良　雄
発行所　株式会社　藤　原　書　店

〒 162-0041　東京都新宿区早稲田鶴巻町 523
電　話　03（5272）0301
FAX　03（5272）0450
振　替　00160 - 4 - 17013
info@fujiwara-shoten.co.jp

印刷・製本　中央精版印刷

落丁本・乱丁本はお取替えいたします
定価はカバーに表示してあります

Printed in Japan
ISBN978-4-86578-041-3